Michael Häußler

Tiere und Pflanzen in meiner Umgebung

Materialien zum Methodenlernen mit Infokarten für Schüler mit geistiger Behinderung

Der Autor

Dr. Michael Häußler arbeitete 11 Jahre lang als Klassenlehrer und Konrektor an einem Förderzentrum mit dem Förderschwerpunkt geistige Entwicklung. Seit 2003 leitet er das Studienseminar der Fachrichtung Geistigbehindertenpädagogik in Nürnberg, Regierungsbezirk Mittelfranken. Darüber hinaus ist er als Autor, Lehrbeauftragter und in der Lehrerfortbildung tätig.

Gedruckt auf umweltbewusst gefertigtem, chlorfrei gebleichtem und alterungsbeständigem Papier.

1. Auflage 2016
© 2016 Persen Verlag, Hamburg
AAP Lehrerfachverlage GmbH
Alle Rechte vorbehalten.

Das Werk als Ganzes sowie in seinen Teilen unterliegt dem deutschen Urheberrecht. Der Erwerber des Werkes ist berechtigt, das Werk als Ganzes oder in seinen Teilen für den eigenen Gebrauch und den Einsatz im Unterricht zu nutzen. Die Nutzung ist nur für den genannten Zweck gestattet, nicht jedoch für einen weiteren kommerziellen Gebrauch, für die Weiterleitung an Dritte oder für die Veröffentlichung im Internet oder in Intranets. Eine über den genannten Zweck hinausgehende Nutzung bedarf in jedem Fall der vorherigen schriftlichen Zustimmung des Verlages.

Sind Internetadressen in diesem Werk angegeben, wurden diese vom Verlag sorgfältig geprüft. Da wir auf die externen Seiten weder inhaltliche noch gestalterische Einflussmöglichkeiten haben, können wir nicht garantieren, dass die Inhalte zu einem späteren Zeitpunkt noch dieselben sind wie zum Zeitpunkt der Drucklegung. Der Persen Verlag übernimmt deshalb keine Gewähr für die Aktualität und den Inhalt dieser Internetseiten oder solcher, die mit ihnen verlinkt sind, und schließt jegliche Haftung aus.

Grafik: Katharina Reichert-Scarborough, Julia Flasche (Aufgabenpiktogramme, Treppe S. 9) , Kapitelpiktogramme Haus, Hof, Wiese, Wald, Teich © Puckung - Fotolia.com
Satz: Satzpunkt Ursula Ewert GmbH, Bayreuth

ISBN: 978-3-403-23672-6

www.persen.de

Inhaltsverzeichnis

I. Arbeit mit Infokarten – Kompetenz- und methodenorientiertes Lernen mit Schülern mit geistiger Behinderung 4

II. Materialien 11

    1. Haus und Garten 11
        Womit können wir unser Meerschweinchen füttern? 11
        Welche Teile der Gemüsepflanzen essen wir? 18

    2. Hof und Feld 26
        Was ist alles aus Milch gemacht? 26
        Was die Tiere uns geben 32
        Wir kennen Getreide und wissen, was daraus gemacht wird 38

    3. Wiese 44
        Welche Tiere leben auf der Wiese? 44
        In welchem Stockwerk „wohnen" die Wiesenpflanzen? 53

    4. Wald 61
        Welche Tiere leben im Wald? 61
        Wir kennen Laub- und/oder Nadelbäume 69

    5. Gewässer 78
        Wo leben diese Tiere – am oder im Teich? 78

Arbeit mit Infokarten – Kompetenz- und methodenorientiertes Lernen mit Schülern mit geistiger Behinderung

1. Grundgedanke

In allen Fächern bzw. Lernbereichen sollen Schüler sich mit spezifischen Inhalten auseinandersetzen und sich darüber Weltwissen aneignen. Darüber hinaus ist aber auch von großer Bedeutung, dass sie in der Beschäftigung mit der Sache methodische Kompetenzen beim Lernen erwerben. Mit anderen Worten: Sie lernen das Lernen und können sich auf diese Weise in zunehmender Selbstständigkeit neues Wissen erschließen. Dies gilt auch für Schüler mit geistiger Behinderung, für die der Aufbau grundlegender Kompetenzen schon immer ein wichtiger Aspekt von Bildung war – man denke nur an den Lernbereich „Denken und Lernen" sowie die anderen entwicklungsorientierten Lernbereiche im bayerischen Lehrplan für den Förderschwerpunkt Geistige Entwicklung (Staatsministerium 2003). Eine Möglichkeit der Realisierung methodenorientierten Lernens besteht in der Arbeit mit Infokarten: Mit ihrer Hilfe erschließen sich die Schüler selbstständig Lerninhalte, wobei die Infokarten die Funktion eines sehr stark reduzierten und strukturierten Nachschlagewerks etwa im Sinne eines Lexikons haben. Dies kann als eine mögliche fachunabhängige Arbeitsform bzw. Methodenkompetenz neben den bewährten und bekannten spezifischen Arbeitsweisen der Fächer stehen.

2. Didaktische Überlegungen zur Arbeit mit Infokarten im Lernbereich Natur mit Schülern mit geistiger Behinderung

– *Fachspezifische Arbeitsweisen*

Naturwissenschaftliche Inhalte aus den Bereichen der belebten und unbelebten Natur stellen in den Bildungs- bzw. Lehrplänen für den Förderschwerpunkt geistige Entwicklung einen wichtigen Aspekt dar. Die Methoden und Erkenntniswege der Naturwissenschaften sind dabei ein auch für Schüler mit geistiger Behinderung ein geeigneter Weg, sich mit den dort gesammelten Lerninhalten auseinanderzusetzen (vgl. Killermann et al. 2005/Häußler 2015, 249ff.). Zu den fachspezifischen Arbeitsweisen etwa der Biologie zählen

- die Formen der Erkundung (Beobachten und Betrachten, Untersuchen, Experimentieren)
- das Halten und Pflegen.

– *Methodenlernen bzw. kompetenzorientiertes Arbeiten*

Viele Sachunterrichtsthemen – auch im Bereich der naturwissenschaftlichen Fächer – verlangen die Weitergabe bzw. den Erwerb von Informationen, die für ein Bescheid-Wissen gespeichert und mit anderen Wissensbeständen verknüpft werden müssen. Beispiele sind Unterrichtsthemen wie „Welches Blatt gehört zu welchem Baum?", „Welche Pflanzen wachsen auf der Wiese?" oder „Was frisst der Igel?". Hier geht es um die Präsentation bzw. das Aufnehmen von Sachinformation bzw. fachspezifischen Wissensbeständen. Es gibt dabei keine Problemstellung zu lösen (wie etwa beim Experiment oder der Handlungseinheit), die Herausforderung für die Schüler besteht vielmehr darin, Informationen (z. B. über Baumgestalt, Blattform und Früchte) aufzunehmen und zu einem Begriff zu verknüpfen.

Eine rein darbietende Präsentation im lehrergelenkten Frontalunterricht widerspricht allerdings den Prinzipien der Selbsttätigkeit und der Handlungsorientierung. Sie erweist sich demzufolge auch häufig als wenig effektiv, da überwiegend verbal dargebotene Inhalte, die lediglich rezeptiv aufgenommen werden können, bei den Schülern kaum nachhaltig „hängen bleiben".

Arbeit mit Infokarten – Kompetenz- und methodenorientiertes Lernen mit Schülern mit geistiger Behinderung

Die Vermittlung von Wissen in möglichst selbsttätiger, gleichzeitig aber fachlich korrekter und geordneter Weise kann folgendermaßen gelingen:

- *Strukturierung* der Lernaufgabe: Die Schüler brauchen eine genaue Struktur, eine Arbeitshilfe, eingeschulte Arbeitstechniken und genaue Anweisungen, die ihnen bekannt sein müssen und mit deren Hilfe sie die Aufgabe lösen und präsentieren können.
- *Kognitive Aktivierung* der Schüler: Diese erlernen Arbeitstechniken im Sinne eines elementaren Methodenlernens, mit denen sie sich Wissen über den Lerngegenstand selbst erschließen und dieses begrifflich durchdringen und für sich ordnen.
- *Rhythmisierung* des Unterrichts: Aktivierung und Strukturierung gehen in der Regel einher mit einem Wechsel des Lernorts, der Tätigkeit und der Sozialform.

Die Arbeit mit Infokarten ergänzt die bekannten fachspezifischen Arbeitsweisen des Betrachtens, Untersuchens und Experimentierens. Grundgedanke ist, dass Fachinformationen in klar strukturierter, einfacher und elementarer Form auf vorgefertigten Infokarten vorliegen, mit deren Hilfe die Schüler sich z. B. im Zusammenhang mit dem Thema „Nutztiere" erarbeiten, welche Lebensmittel aus Milch hergestellt sind.

– *Begriffsbildung und exemplarisches Lernen*

Dabei ist es meist günstig, sich vor dem Einsatz der Infokarten, die ja oftmals einen recht breiten thematischen Überblick geben, zunächst exemplarisch mit einem Aspekt bzw. einem Teilbereich des Themas zu befassen. Das bedeutet beispielsweise

… erst den Weizen in seinem Aufbau (Halm, Ähre, Stängel …) kennenzulernen und handelnd zu erfahren, wie aus Weizenkörnern Mehl oder Grieß gemahlen wird – und dann anhand der übrigen Getreidearten festzustellen, dass diese ähnlich aufgebaut sind und auch aus ihnen spezifische Produkte hergestellt werden.

… erst anhand der eigenen Herstellung von Joghurt erkennen, dass Milch zu einem bestimmten Milchprodukt weiterverarbeitet werden kann – und dann anhand weiterer Lebensmittel festzustellen, dass auch sie aus Milch gemacht werden.

Auf diese Weise entsteht tatsächlich begriffliches Wissen und es wird der Gefahr lediglich mechanischen Arbeitens vorgebeugt.

„Prototypen" von Infokarten

Prototyp Infokarte	Erläuterung	Zugehörige Themen/ Nr.	Struktur
„Ja/Nein"-Karte	Einfaches Verfahren zum Sammeln von Informationen im Ausschlussverfahren.	1. Haustiere – Meerschweinchen 3. Was ist aus Milch gemacht?	Ja / Nein
„Vorder- und Rückseite"	Zuordnung/Zugehörigkeit zu einer Kategorie/einem Oberbegriff (kann dann alternativ zur Ja/Nein-Karte verwendet werden) *oder* Zuordnung zu mehreren Oberbegriffen, die durch eine Abbildung auf der Rückseite veranschaulicht werden. *Vorteil gg. Ja/Nein-Karten:* Die Schüler können in höherem Maße zur Hypothesenbildung aufgefordert werden, indem sie erst Vermutungen anstellen und anschließend die Karte umdrehen.	2. Gemüse 6. Tiere auf der Wiese 7. Wiesenpflanzen 9. Tiere im Wald 10. Tiere im/am Teich	
„Matrix"	• Zeigt Zugehörigkeit auf • Verknüpfung von Teilen und Ganzem • Dient der Begriffsbildung als „Netz"	4. Nutztiere 5. Getreide 8. Laub- und Nadelbäume	
Differenzierungskarte	Für leistungsstarke Schüler/Leser: Bereitstellung zusätzlicher Sachinformationen mit Lernzielkontrolle auf der Rückseite.	alle Themen	
Anmerkung zur Leseförderung	Auf den Infokarten finden sich immer Abbildung und Verschriftung, um Schülern, die lesen können, einen entsprechenden Leseanlass zu bieten.		

Zugehöriges Unterrichtsmodell

Unterrichtsphasen *Methodisch-didaktischer Kommentar*	Unterrichtsverlauf
Hinführung	Anknüpfung an vorangehende Unterrichtseinheit(en) der Sequenz Herausarbeiten des thematischen Zusammenhangs Entwickeln einer Fragestellung ggf. Auseinandersetzung mit Realgegenständen Zielangabe: Wir finden heute heraus, was alles aus Milch gemacht ist.
Erarbeitung *Rhythmisierung* *Strukturierung* *Aktivierung* *Differenzierung*	Vermutungen/Vorwissen der Schüler werden im Unterrichtsgespräch gesammelt (Butter ist aus Milch gemacht). Informationsgewinnung: Partnerarbeit (auch Kleingruppen- oder Einzelarbeit ist möglich): Je zwei Schüler erhalten – Realgegenstände (wenn möglich), andernfalls Abbildungen – Infokarten zum Thema (ggf. in einem Karteikasten/einer Materialschale) – Schälchen/Kartons oder verschiedenfarbige Tonpapierbögen bzw. Tücher zum Sortieren der Karten und Realgegenstände bzw. Abbildungen je nach Fragestellung Schüler vergleichen die Realgegenstände mit den Abbildungen auf den Infokarten, ordnen sie zu, legen sie in die entsprechenden Schälchen, lesen ggf. Begriffe – versprachlichen („Butter ist aus Milch gemacht"). Schüler mit Lesekompetenz erhalten Differenzierungskarten mit kurzen Informationstexten bzw. Schlüsselbegriffen oder mit zusätzlichen, zum Thema gehörenden Inhalten, bearbeiten diese und berichten später darüber. Schüler mit schwerer kognitiver Beeinträchtigung betrachten, hantieren mit den Realgegenständen, ordnen diese ggf. unter Anleitung einander zu.
Sicherung	Schüler kommen mit ihren Arbeitsergebnissen in den Stuhlkreis, Benennen/Zuordnen/nochmaliges Versprachlichen Im Tafelbild werden zusätzlich Abbildungen entsprechend zugeordnet (s.u.) Schüler bearbeiten ein Arbeitsblatt/kontrollieren ggf. mit Hilfe der Infokarten.
Vertiefung (optional)	Schüler, die mit den Differenzierungskarten gearbeitet haben, bringen ihre Arbeitsergebnisse mit ein. Zusätzliche Lehrerinformation – ggf. exemplarische Einsichten
Abschluss	Beantwortung der Fragestellung/abschließendes Quiz …

Beispiel für ein Tafelbild

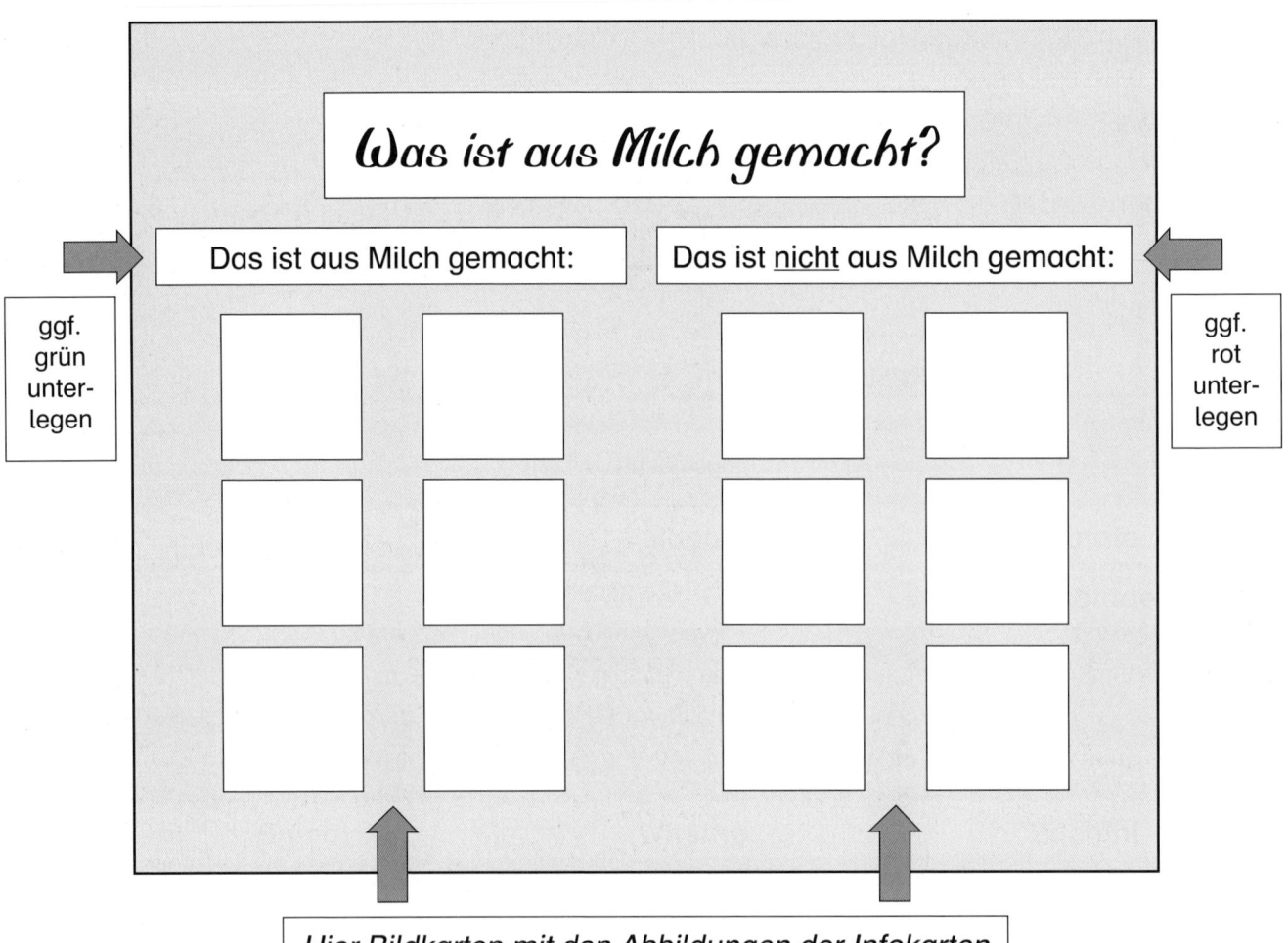

Lernvoraussetzungen für die Arbeit mit Infokarten

Die Arbeit mit den Infokarten funktioniert nicht voraussetzungslos. Vielmehr müssen die Schüler hierfür eine Reihe von Lernvoraussetzungen mitbringen. Diese können isoliert, aber auch im Rahmen anderer Unterrichtsvorhaben – auch begleitend zur bereits erfolgenden Arbeit mit den Infokarten – immer wieder geübt werden. Die hier dargestellten Teilkompetenzen bauen dabei zum größten Teil hierarchisch aufeinander auf.

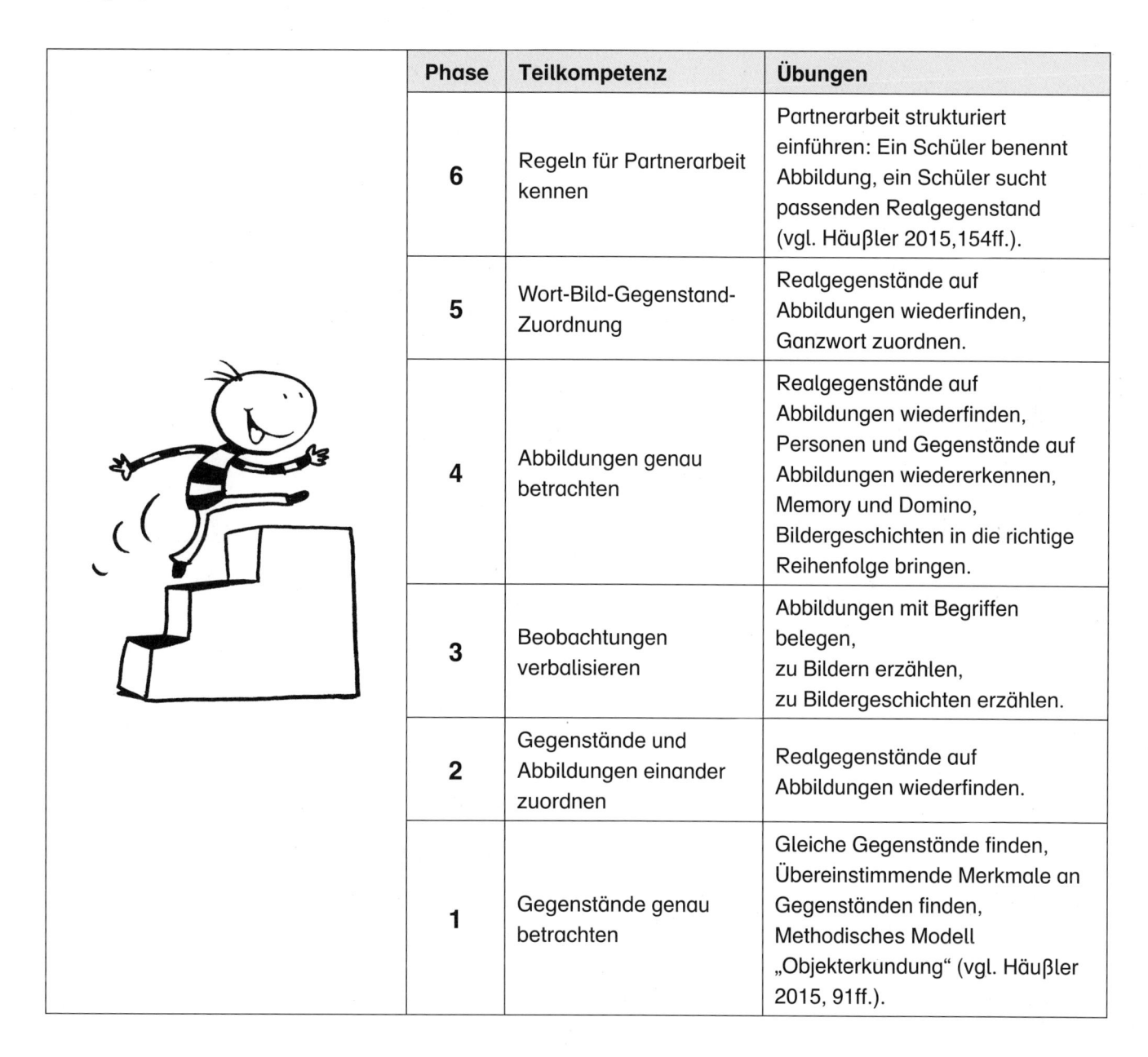

Phase	Teilkompetenz	Übungen
6	Regeln für Partnerarbeit kennen	Partnerarbeit strukturiert einführen: Ein Schüler benennt Abbildung, ein Schüler sucht passenden Realgegenstand (vgl. Häußler 2015, 154ff.).
5	Wort-Bild-Gegenstand-Zuordnung	Realgegenstände auf Abbildungen wiederfinden, Ganzwort zuordnen.
4	Abbildungen genau betrachten	Realgegenstände auf Abbildungen wiederfinden, Personen und Gegenstände auf Abbildungen wiedererkennen, Memory und Domino, Bildergeschichten in die richtige Reihenfolge bringen.
3	Beobachtungen verbalisieren	Abbildungen mit Begriffen belegen, zu Bildern erzählen, zu Bildergeschichten erzählen.
2	Gegenstände und Abbildungen einander zuordnen	Realgegenstände auf Abbildungen wiederfinden.
1	Gegenstände genau betrachten	Gleiche Gegenstände finden, Übereinstimmende Merkmale an Gegenständen finden, Methodisches Modell „Objekterkundung" (vgl. Häußler 2015, 91ff.).

Unterrichtsvorbereitung für die Arbeit mit den Infokarten

- Grundlegende Inhalte zum Thema finden Sie jeweils unter dem Punkt „Sachinformation". Diese sind entweder als Hintergrundinformation für die Lehrkraft gedacht, sie können aber im Rahmen einer zusätzlichen Lehrerinformation auch im Rahmen einer Phase der inhaltlichen Vertiefung ergänzend angeboten werden, nachdem die Schüler mit den Infokarten gearbeitet haben.

- Erstellen Sie Kopien der Infokarten in der erforderlichen Anzahl (Wenn 10 Schüler in Partnerarbeit mit den Karten arbeiten sollen, benötigen Sie also jeweils fünf Kopien). Wenn die Schüler in Kleingruppen mit den Karten arbeiten, benötigt man entsprechend weniger Kartensätze. Bei den Ja/Nein-Karten kopieren Sie die Vorlage jeweils entweder auf rotes oder grünes Papier. Denkbar wäre auch, dass Sie auf der Abbildung einfach eine farbige Markierung anbringen.

- Kopieren Sie die Infokarten des Prototyps „Vorder- und Rückseite" doppelseitig.

- Laminieren Sie die Vorlagen und schneiden Sie die Infokarten aus.

- Geben Sie jeden Satz Infokarten separat in eine Schuhschachtel, ein Materialschälchen oder eine Box.

- Sie können die Abbildungen auch als Vorlage für Bildkarten für das Tafelbild verwenden, wenn Sie gemeinsam mit den Schülern die Ergebnisse der Gruppenarbeit an der Tafel sichern wollen (siehe Abbildung „Beispiel für ein Tafelbild"). Kopieren Sie die Karten ggf. etwas größer, ziehen Sie sie auf Karton auf oder laminieren Sie sie – fertig!

- Als eine weitere Möglichkeit der Sicherung bzw. der Lernzielkontrolle steht Ihnen zu jedem Thema ein Arbeitsblatt zur Verfügung.

- Als zusätzliche Aufgabe für leistungsstärkere Schüler sind die Differenzierungskarten gedacht. Auch hier können beide Seiten als Vorder- und Rückseite in eine Folie gegeben und laminiert werden. Die Schüler benutzen zum Bearbeiten einen abwaschbaren Folienstift. Ebenso können sie die Differenzierungskarten aber auch – etwa im Rahmen einer weiteren Unterrichtseinheit – als Arbeitsmaterial für die ganze Klasse einsetzen und damit Methoden schulen wie das Ausfüllen eines Lückentextes, das Ankreuzen elementarer Multiple-choice-Fragen oder das Vortragen selbst erarbeiteter Informationen vor der Klasse, wobei die ausgefüllte Differenzierungskarte gewissermaßen als Vorlage dient.

- Ein hohes Maß an Anschaulichkeit erreichen Sie, wenn Sie die abgebildeten Gegenstände als Realgegenstände anbieten – soweit dies möglich ist. Auf dieser anschaulich-konkreten Ebene können somit auch Schüler mit schwerer geistiger Behinderung auf ihrem jeweiligen Entwicklungsstand Erfahrungen mit dem Lerngegenstand sammeln.

Womit können wir unser Meerschweinchen füttern? (Sachinformation)

Das Meerschweinchen stammt aus Mittel- und Südamerika und wird erst seit etwa 400 Jahren als Haustier in Europa gehalten. Die Inkas hatten das einst wild lebende Nagetier domestiziert, gezüchtet und als Fleischlieferanten genutzt.

Meerschweinchen sind dämmerungsaktive Nagetiere und haben Schneidezähne, die ständig nachwachsen. Diese nutzen sich durch Kauen oder Fressen wieder ab, sodass sie nicht zu lang werden. Meerschweinchen brauchen daher auch Nahrung, welche die Zähne kurz hält (z. B. Äste).

Meerschweinchen sind Pflanzenfresser. Sie erhalten vorzugsweise entsprechendes Trockenfutter, welches man selber mischen (geschroteter Mais, Haferflocken, getrocknete Möhrenscheiben, getrocknete Kräuter, Weizen, Sonnenblumenkerne, Pellets usw.) oder im Fachhandel kaufen kann. Dazu füttert man Obst und Gemüse: Möhren, Löwenzahn, Gras (kein Klee!), Salat (wenig Kopfsalat!), Äpfel, Birnen, Petersilie, Paprika, Salatgurken, Kohlrabi, Rote Beete, Tomaten, ab und zu auch ein trockenes Stück Brot.

Sauberes Wasser sollte immer bereit stehen.

Ein Fütterungsplan könnte folgendermaßen aussehen:

Morgens: Heu, Wasser, Äste, Gras, Löwenzahn, Karotten

Mittags: Heu, Wasser, Äste, Petersilie, Apfel, Fenchel

Abends: Heu, Wasser, Äste, Gurke, Paprika

Der Tierarzt muss bei Meerschweinchen häufig Knochenbrüche und innere Verletzungen behandeln, daher sollte man sie sehr behutsam tragen und auf keinen Fall fallen lassen!

Anhand des Meerschweinchens können Schüler auch lernen, dass Haus- bzw. Heimtiere Lebewesen sind, mit denen es verantwortungsvoll umzugehen gilt. Dazu muss man ihre Bedürfnisse und Lebensgewohnheiten kennen.

Womit können wir unser Meerschweinchen füttern? (Methodentelegramm)

Prototyp:	Ja/Nein-Karten	
Mögliche Sequenz	1. So sieht das Meerschweinchen aus. 2. Was gehört in den Meerschweinchen-Käfig? **3. Womit können wir unser Meerschweinchen füttern?** 4. Was will mir das Meerschweinchen sagen (Verhalten des Meerschweinchens)? 5. Ich habe Verantwortung für mein Meerschweinchen.	
Benötigtes Material:	• Ja/Nein-Karten – jeweils ein Satz für zwei Schüler bzw. eine Kleingruppe • Optional: Realgegenstände • Optional: Bildkarten für das Tafelbild • Arbeitsblatt • Zusatzaufgabe (optional): Differenzierungskarte	
Stundenziel/e	• Die Schüler wissen, was das Meerschweinchen frisst. • Die Schüler lernen am Beispiel des Meerschweinchens den Begriff „Pflanzenfresser". • Die Schüler wissen, dass Meerschweinchen Nagetiere sind.	
Stundenaufbau	Hinführung	• z. B. Meerschweinchen als „Klassentier" oder: Klasse übernimmt für einige Zeit die Pflege eines Meerschweinchens. → Anknüpfung: Wir haben bereits darüber gesprochen, was alles in den Käfig hinein muss. → Fragestellung: Wir wollen noch Futter für das Meerschweinchen kaufen. Aber: Was frisst das Meerschweinchen eigentlich?
	Erarbeitung	• **Vermutungen anstellen/Vorwissen aktivieren** Realgegenstände oder Bildkarten werden auf ein grünes („das frisst das Meerschweinchen") oder rotes Tuch („frisst es nicht") zugeordnet. • **Informationsgewinnung** → Schüler arbeiten in Partnerarbeit mit Realgegenständen und den Infokarten: Betrachten des Realgegenstandes, nachsehen auf der Infokarte, zuordnen zu Kategorie „Das darf das Meerschweinchen fressen" oder „Das darf das Meerschweinchen nicht fressen" (z. B. in einen entsprechenden Korb). → Schüler mit schwerer geistiger Behinderung setzen sich unter Anleitung mit entsprechenden Realgegenständen auseinander. → Differenzierungskarte als Zusatzaufgabe
	Sicherung	• **Fixierung im Tafelbild mit Bildkarten:** Passende Bildkarten werden an Tafel gehängt, begleitend: → **Versprachlichung:** „Das Meerschweinchen frisst …" → Schüler, die mit den **Differenzierungskarten** gearbeitet haben, berichten. → **Vermutungen** werden überprüft. → **Arbeitsblatt** Individuelle Sicherung in Einzelarbeit.
	Vertiefung (optional)	Der Begriff „Pflanzenfresser" wird am Beispiel des Meerschweinchens und seiner Nahrung hergeleitet und erklärt. Frage: Wozu braucht das Meerschweinchen eigentlich die Äste? Hinweis auf die Zähne des Meerschweinchens, Herleiten des Begriffs „Nagetier".
	Abschluss	z. B.: Ein Einkaufszettel wird geschrieben mit Sachen, die für das Meerschweinchen eingekauft werden müssen.

Womit können wir unser Meerschweinchen füttern?
(Infokarten, Typ: Ja/Nein-Karten)

Heu	Gurke
Ast	Karotte
Gras	Apfel
Löwenzahn	Trockenfutter

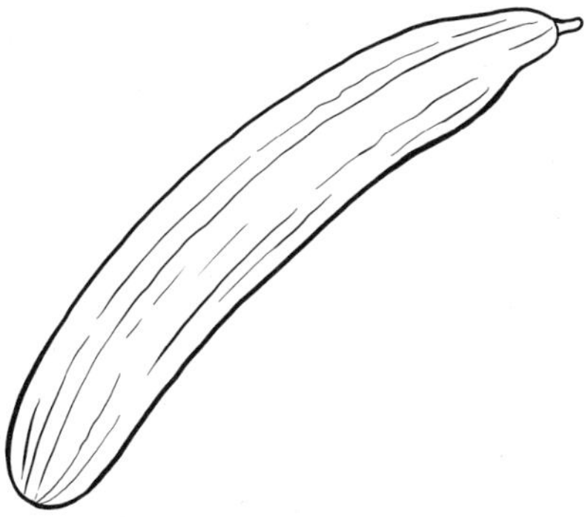

Michael Häußler: Tiere und Pflanzen in meiner Umgebung
© Persen Verlag

Ja-Karten (auf grünes Papier kopieren)

Womit können wir unser Meerschweinchen füttern?
(Infokarten, Typ: Ja/Nein-Karten)

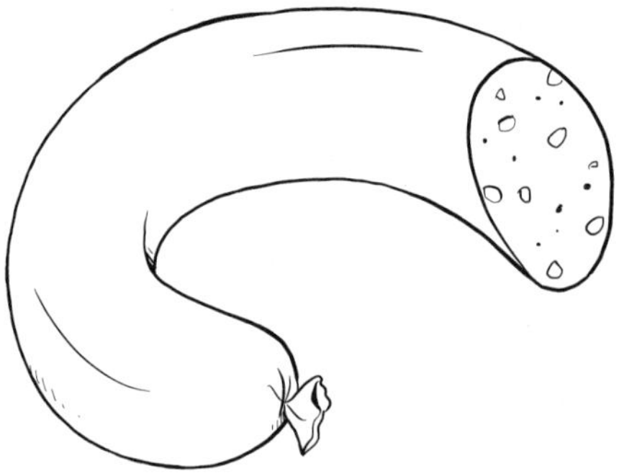 Wurst	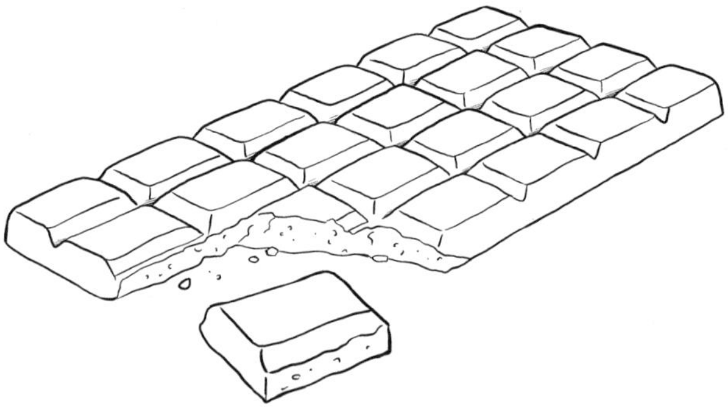 Schokolade
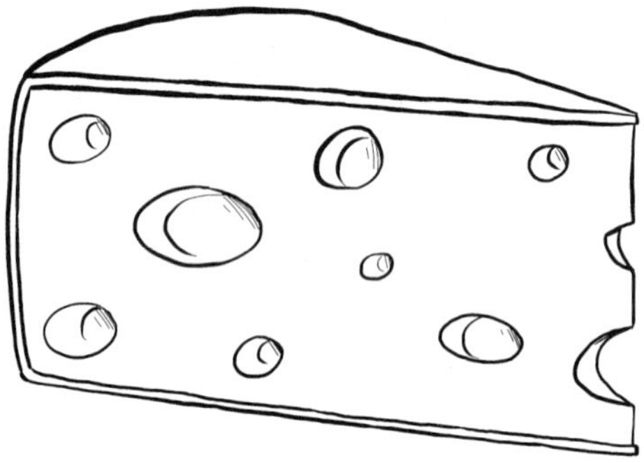 Käse	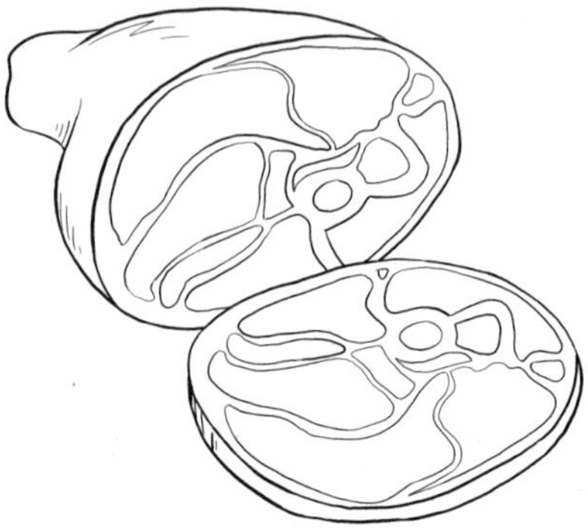 Fleisch
 Milch	 Klee
 Bonbons	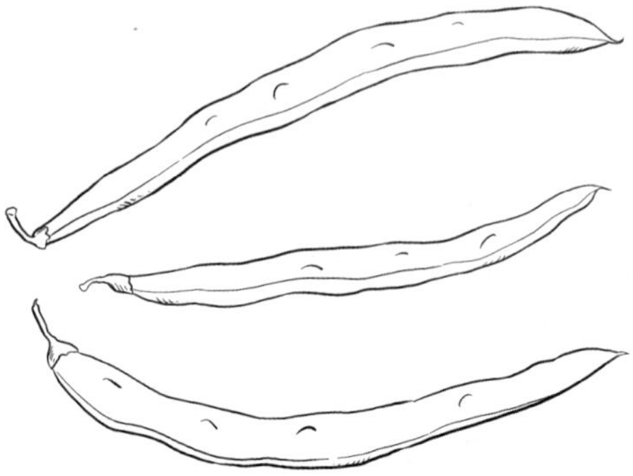 Bohnen

Womit können wir unser Meerschweinchen füttern?

Kreuze die richtige Antwort an.

So bleibt dein Meerschweinchen sauber:

☐ Du badest es jeden Tag.
☐ Du pflegst sein Fell mit einer Bürste.

So bleibt der Käfig sauber:

☐ Du machst den Käfig einmal in der Woche sauber.
☐ Du machst den Käfig jeden Tag sauber.
☐ Du gibst einmal in der Woche neue Einstreu in den Käfig.
☐ Neue Einstreu muss nur manchmal in den Käfig.

So hebst du dein Meerschweinchen hoch:

☐ Du greifst von links und rechts unter seinen Bauch.
☐ Du setzt dich auf den Boden, damit das Meerschweinchen nicht herunterspringt.

Lies den Text.

So geht es deinem Meerschweinchen gut

Das Fell des Meerschweinchens kann mit weichen Bürsten gebürstet werden.
Streichle und bürste das Fell immer vom Kopf zum Schwanz!
Das Meerschweinchen soll nicht baden.

Mache den Käfig jeden Tag sauber.
Entferne feuchte Stellen und Futterreste.
Gib einmal in der Woche neue Einstreu in den Käfig.
Nimm dazu die Meerschweinchen heraus.
Nimm die alte Einstreu heraus.
Lege den Käfig mit neuem Zeitungspapier aus.

Wenn du dein Meerschweinchen hochheben willst, greife mit beiden Händen von links und rechts unter den Bauch und hebe es hoch.
Trage das Meerschweinchen direkt vor deinem Bauch.
Halte es von unten fest.
Setze dich auf den Boden, damit das Meerschweinchen nicht herunterspringt und sich weh tut.

Womit können wir unser Meerschweinchen füttern?

Was frisst das Meerschweinchen?

 Schneide die richtigen Karten aus.

 Klebe die Karten in die Kästchen auf deinem Arbeitsblatt.

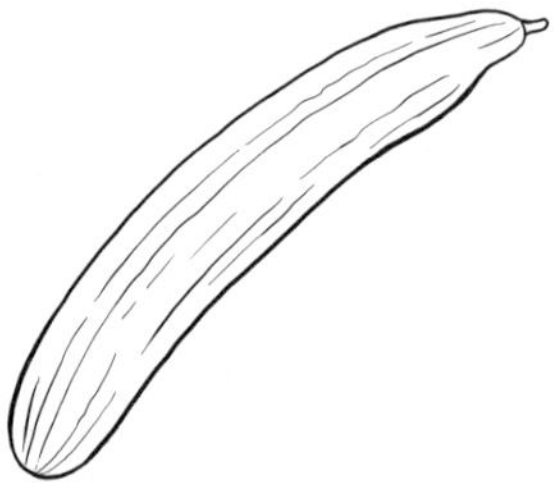

Gurke	Wurst	Schokolade
Gras	Ast	Löwenzahn
Bohnen	Heu	Trockenfutter
Karotte		

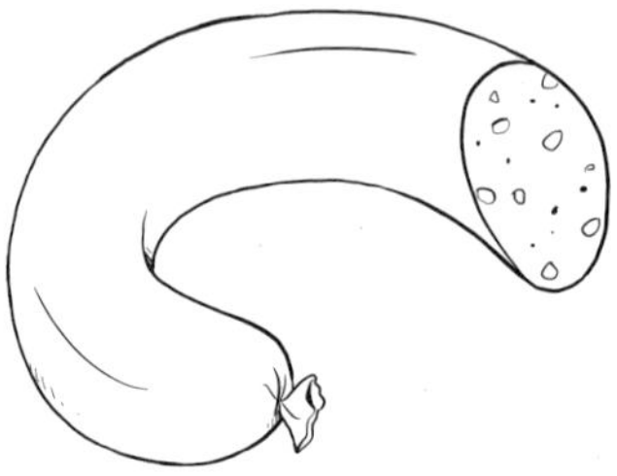

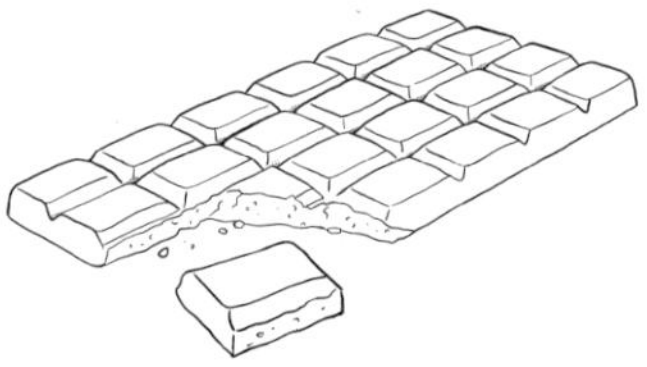

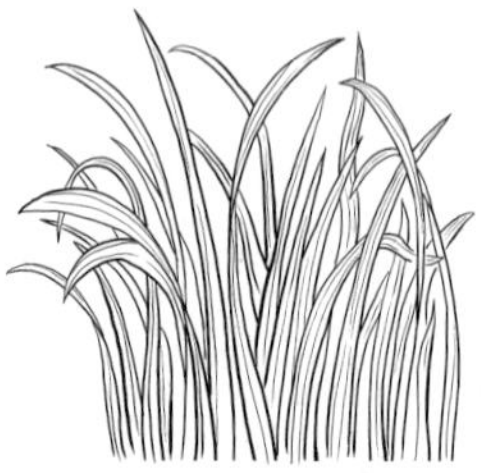

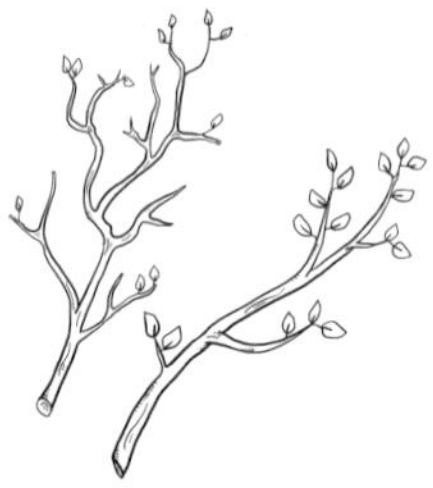

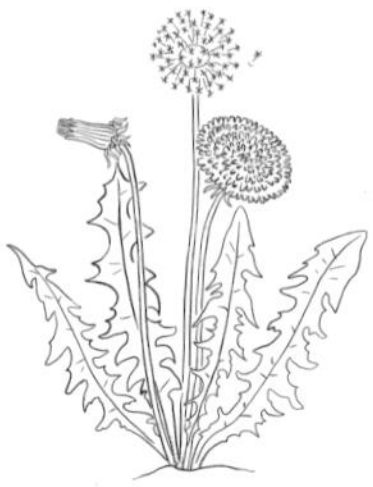

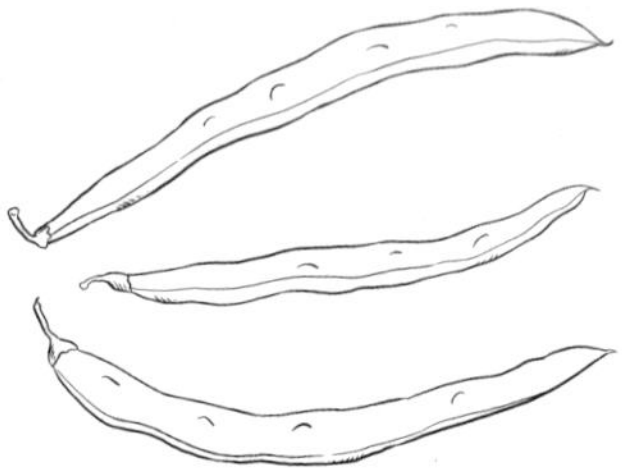

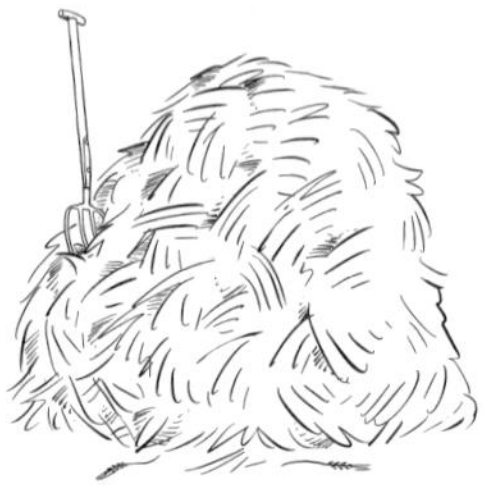

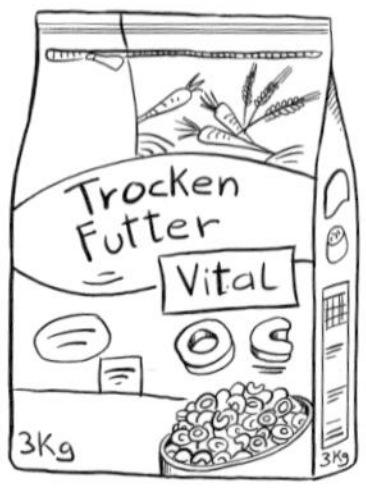

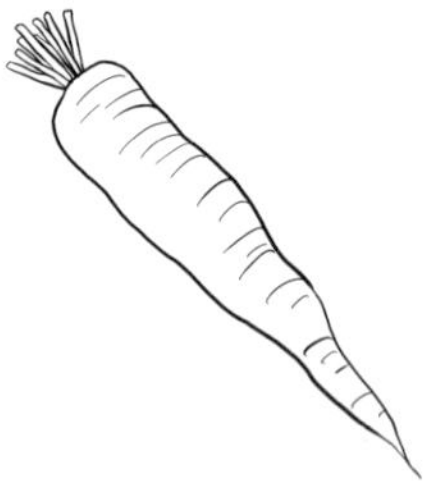

Womit können wir unser Meerschweinchen füttern?

Name: _____ Datum: _____

Klebe die richtigen Karten auf.

Michael Häußler: Tiere und Pflanzen in meiner Umgebung
© Persen Verlag

Welche Teile der Gemüsepflanzen essen wir? (Sachinformation)

Gemüse kann je nach Kriterium in unterschiedliche Arten bzw. Familien eingeteilt werden. Für die vorliegende Stunde werden in vereinfachter Weise die Kategorien Blattgemüse, Fruchtgemüse, Wurzelgemüse sowie (als inhaltliche Differenzierung) Kohl- und Stängelgemüse unterschieden. Eine Unterscheidung der verschiedenen heimischen Gemüsearten und Gemüsesorten erfolgt hier nutzungsorientiert danach, welche Teile der Pflanzen gegessen werden. Dies ist auch für die Schüler in der Regel ein einsichtiger Zugang.

Im Rahmen einer inhaltlichen Reduktion werden dabei lediglich heimische Blatt-, Frucht- und Wurzelgemüse behandelt.

Blattgemüse	Kopfsalat, Feldsalat, Spinat, Wirsing
Fruchtgemüse	Tomate, Zucchini, Paprika, Gurke
Wurzelgemüse	Radieschen, Karotten, Kohlrabi, Zwiebel
Kohlgemüse	Blumenkohl, Weißkohl, Broccoli, Kohlrabi
Stängelgemüse	Fenchel, Rhabarber, Spargel, Stangensellerie

Welche Teile der Gemüsepflanzen essen wir?
(Methodentelegramm)

Prototyp:	Vorder- und Rückseite	
Mögliche Sequenz:	1. Exemplarisch: Die Teile der Tomatenpflanze (Wurzel, Stängel, Blatt, Frucht) **2. Welche Teile der Gemüsepflanzen essen wir?** 3. Wir bereiten leckere Gemüsegerichte zu. 4. Arbeit im Schulgarten – Anlegen eines Gemüsebeetes	
Benötigtes Material:	Infokarten „Vorder- und Rückseite" – jeweils ein Satz für zwei Schüler bzw. eine Kleingruppe Optional: Realgegenstände (Tomatenpflanze, Karotten, Kopfsalat, ggf. auch alle anderen Gemüsesorten für die Hand der Schüler) Optional: Bildkarten für das Tafelbild Arbeitsblätter Optional: Differenzierungskarte	
Stundenziel/e	Die Schüler wissen, dass man bei unterschiedlichen Gemüsearten unterschiedliche Teile der Gemüsepflanze isst. Die Schüler kennen Beispiele für Blatt-, Frucht- und Wurzelgemüse.	
Stundenaufbau	**Hinführung**	Beim Bauern Schlau gibt es heute frische Tomaten. Die Tomate ist die Frucht der Tomatenpflanze. Frage: Essen wir immer die Früchte der Gemüsepflanze? Oder auch andere Teile?
	Erarbeitung	• **Beispiele erarbeiten:** Lehrperson zeigt Tomatenpflanze, Bund Karotten, Salat Unterrichtsgespräch: Benennen der Pflanzenteile (Wurzel, Stängel, Blatt, Frucht). Evtl. Zuordnen von Wortkärtchen am Realgegenstand oder an einer Zeichnung an der Tafel. Lehrperson erläutert entsprechend die Begriffe Blatt-, Frucht- und Wurzelgemüse, zeigt Symbole (Rückseite der Infokarten). Beispielhafte Versprachlichung: Die Tomate ist ein Fruchtgemüse, weil … • **Informationsgewinnung** Schüler arbeiten in PA/Kleingruppenarbeit mit den Infokarten und ggf. Realgegenständen, Differenzierungskarte als Zusatzaufgabe.
	Sicherung	• **Fixierung im Tafelbild mit Bildkarten:** Bildkarten werden an Tafel passender Kategorie zugeordnet, begleitend: • **Versprachlichung** „Das Radieschen ist …" • Schüler, die mit den **Differenzierungskarten** gearbeitet haben, berichten. • **Arbeitsblatt** Individuelle Sicherung in Einzelarbeit.
	Abschluss	Evtl. Transfer mit weiteren Gemüsearten: Sellerie ist ein Wurzelgemüse, …

Welche Teile der Gemüsepflanzen essen wir?
(Infokarten, Typ: Vorder- und Rückseite)

Kopfsalat	Spinat
Tomate	Zucchini
Radieschen	Karotten

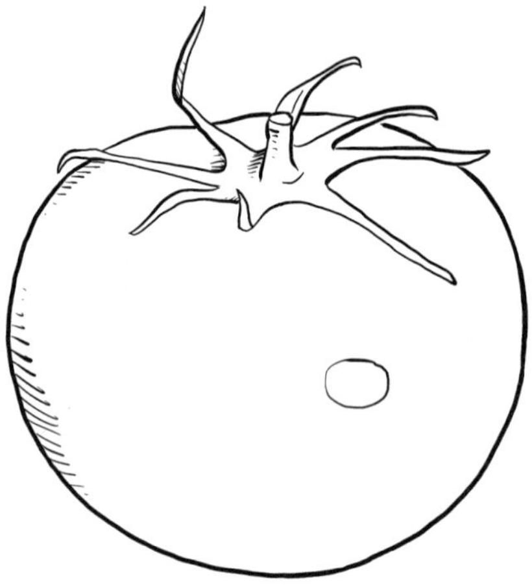

Welche Teile der Gemüsepflanzen essen wir?

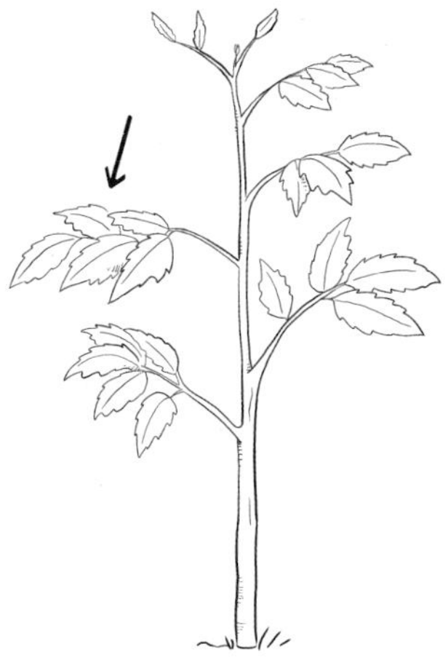

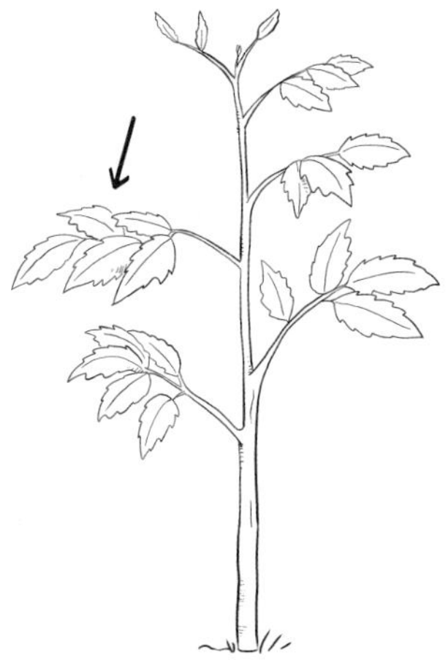

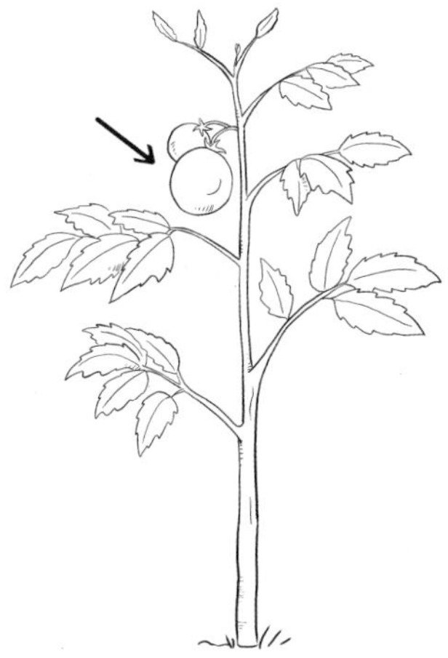

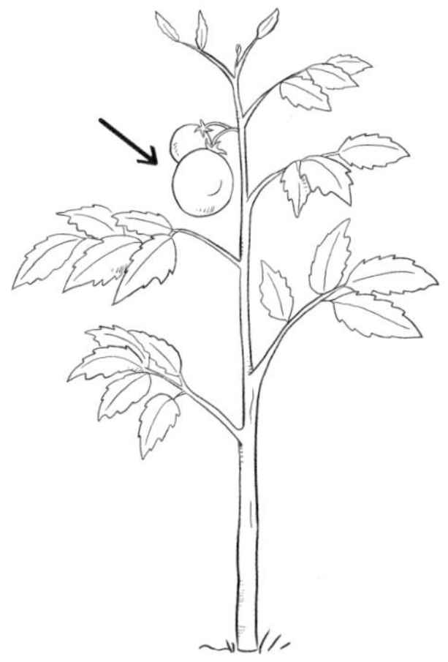

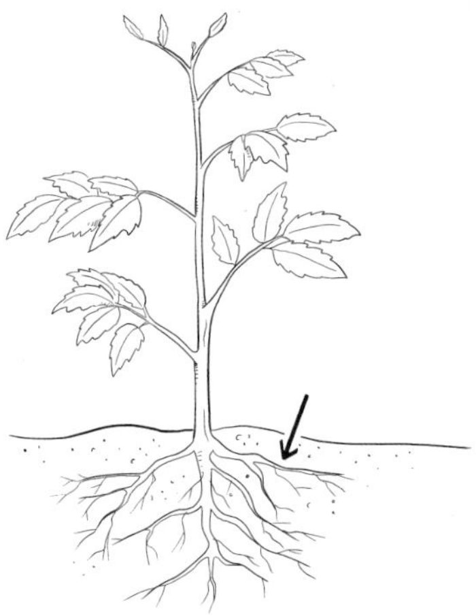

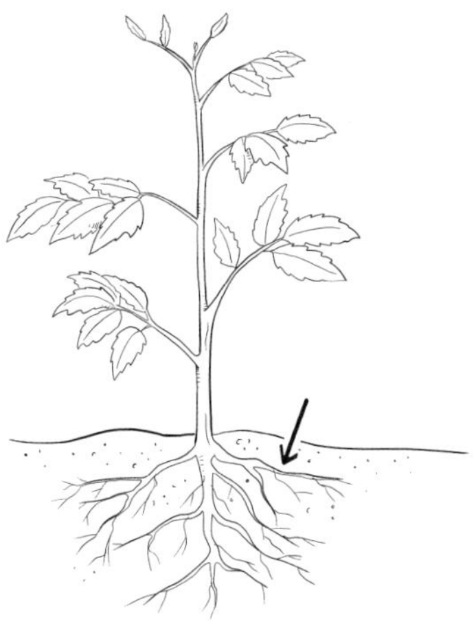

Welche Teile der Gemüsepflanzen essen wir?
(Infokarten, Typ: Vorder- und Rückseite)

Feldsalat	Wirsing
Paprika	**Gurke**
Kohlrabi	**Zwiebel**

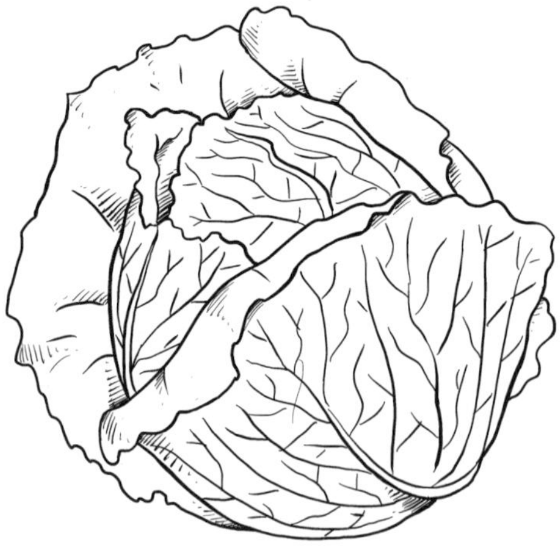

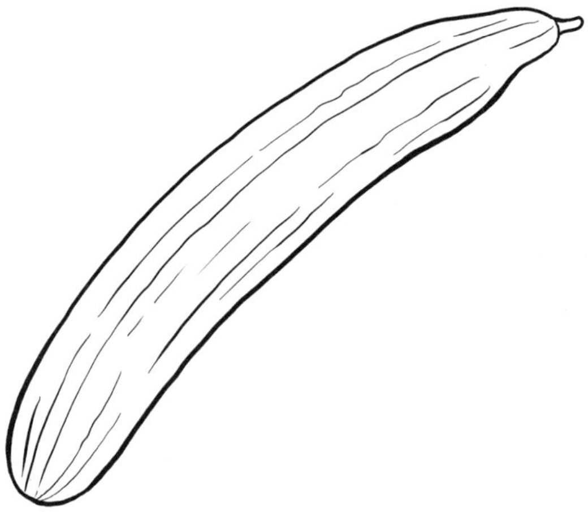

Welche Teile der Gemüsepflanzen essen wir?

Schreibe die richtigen Gemüsesorten in die Kästen.

Kohlgemüse	Stängelgemüse

Wintergemüse	Sommergemüse

Welche Teile der Gemüsepflanzen essen wir?

Es gibt verschiedene Gemüsearten, zum Beispiel **Kohlgemüse** und **Stängelgemüse**.

Zum **Kohlgemüse** gehören der Blumenkohl, der Weißkohl, Broccoli und Kohlrabi.

Zum **Stängelgemüse** gehören Fenchel, Rhabarber, Spargel und Stangensellerie.

Sommergemüse und Wintergemüse

Wintergemüse wird im Winter geerntet. Man kann es meistens lange aufheben.

Zum **Wintergemüse** gehören Blumenkohl, Rosenkohl und Lauch.

Im Sommer gibt es viel mehr Gemüse. Das **Sommergemüse** kann man meistens nicht so lange aufheben.

Zum **Sommergemüse** gehören Tomaten, Zucchini oder Kopfsalat.

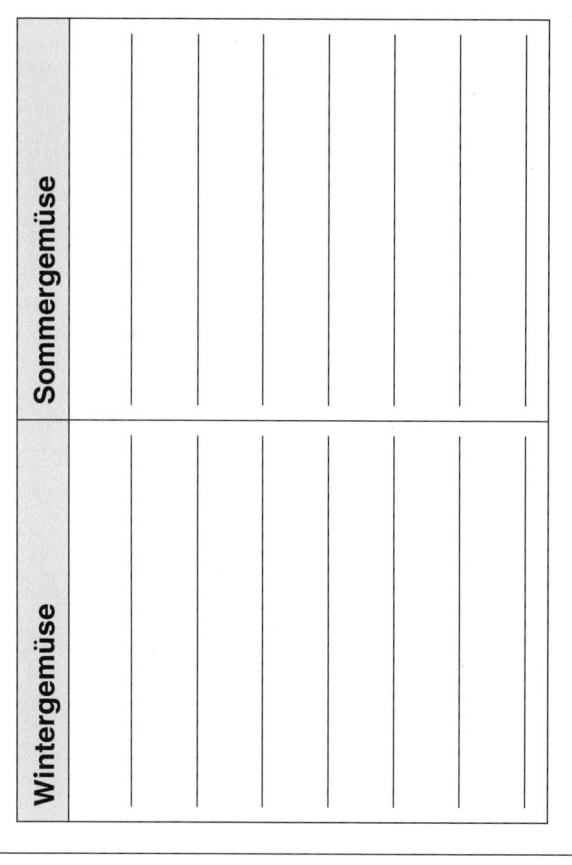

Welche Teile der Gemüsepflanzen essen wir?

 Schneide die richtigen Karten aus.

 Klebe die Karten in die Kästchen auf deinem Arbeitsblatt.

Kopfsalat	Feldsalat	Tomate
Spinat	Wirsing	Zuchini
Paprika	Radieschen	Kohlrabi
Gurke	Karotte	Zwiebel

Welche Teile der Gemüsepflanzen essen wir?

Name: _____ Datum: _____

Klebe die Karten an die richtige Stelle.

Blatt	Frucht	Wurzel
Blattgemüse	**Fruchtgemüse**	**Wurzelgemüse**

Michael Häußler: Tiere und Pflanzen in meiner Umgebung
© Persen Verlag

Differenzierungskarte mit zusätzlichen Informationen

Was ist alles aus Milch gemacht?
(Sachinformation und Methodentelegramm)

Sachinformation

Eine wichtige Aufgabe der Kuh als Nutztier ist die Milchproduktion. Eigentlich geben Kühe Milch, um ihre Kälber zu ernähren. Als Nahrungsmittel des Menschen ist Milch jedoch das Ausgangsprodukt für eine Vielzahl an Milcherzeugnissen, Milchprodukten oder Molkereiprodukten. Dies sind Lebensmittel, die hauptsächlich aus Milch oder Milchbestandteilen (Milcheiweiß, Milchfett oder Milchzucker) bestehen. Zu den Milcherzeugnissen gehören einerseits verschieden behandelte Milcharten und andererseits durch Fermentation oder Extraktion von Milchbestandteilen gewonnene Produkte der Milch. In der vorliegenden Stunde stehen sog. extrahierte Milchprodukte im Mittelpunkt: Butter, Käse, Quark, Sahne sowie Sauermilch-Produkte wie Buttermilch und Joghurt. Daneben gibt es noch zahlreiche industriell hergestellte Lebensmittel, welche Milch oder Milchbestandteile enthalten, wie z. B. Schokolade oder Eis.

Methodentelegramm

Prototyp:	Ja/Nein-Karten	
Mögliche Sequenz:	1. Wir stellen aus Milch Joghurt her. 2. Wir besuchen die Molkerei (Unterrichtsgang). **3. Was ist alles aus Milch gemacht?** 4. Weitere Rezepte mit Milchprodukten: Milchshake, Kräuterquark, Fruchtjoghurt. 5. Der Weg der Milch (Vom Bauernhof ins Geschäft). 6. Wo sind die Milchprodukte im Supermarkt? (Unterrichtsgang)	
Benötigtes Material:	• „Ja/Nein"-Karten – jeweils ein Satz für zwei Schüler bzw. eine Kleingruppe. • Optional: Realgegenstände • Optional: Bildkarten für das Tafelbild • Arbeitsblatt • Optional: Differenzierungskarte	
Stundenaufbau	Hinführung	Anknüpfung an den Unterrichtsgang zur Molkerei: Wissen wir noch, was dort alles hergestellt wird? Fragestellung: Was wird eigentlich alles noch aus Milch gemacht?
	Erarbeitung	• **Vermutungen anstellen/Vorwissen aktivieren** Realgegenstände werden in zwei Körbe (Milchprodukte/keine Milchprodukte grün und rot gekennzeichnet) zugeordnet und/oder in Form von Bildkarten an der Tafel gesammelt. • **Informationsgewinnung** Schüler arbeiten in Partner-/Kleingruppenarbeit mit Realgegenständen und den Infokarten, ordnen Realgegenstände nach den Kategorien Milchprodukt/kein Milchprodukt. Differenzierungskarte als Zusatzaufgabe.
	Sicherung	• **Fixierung als Tafelbild mit Bildkarten** (passende Bildkarten werden an Tafel gehängt), begleitend: • **Versprachlichung** „Joghurt ist aus Milch gemacht/Margarine ist nicht aus Milch gemacht" • Schüler, die mit den **Differenzierungskarten** gearbeitet haben, berichten. • **Vermutungen** werden überprüft. • **Arbeitsblatt** Individuelle Sicherung in Einzelarbeit.
	Vertiefung	Schüler nennen noch weitere Milchprodukte, die sie kennen. Lehrperson notiert ggf. an Tafel.
	Abschluss	Ausblick: In den nächsten Stunden werden wir selbst leckere Sachen aus Milch und Milchprodukten zubereiten. Hast du schon eine Idee?

Was ist alles aus Milch gemacht?
(Infokarten, Typ: Ja/Nein-Karten)

Quark	Butter
Sahne	Buttermilch
Joghurt	Hartkäse
Sauerrahm	Weichkäse

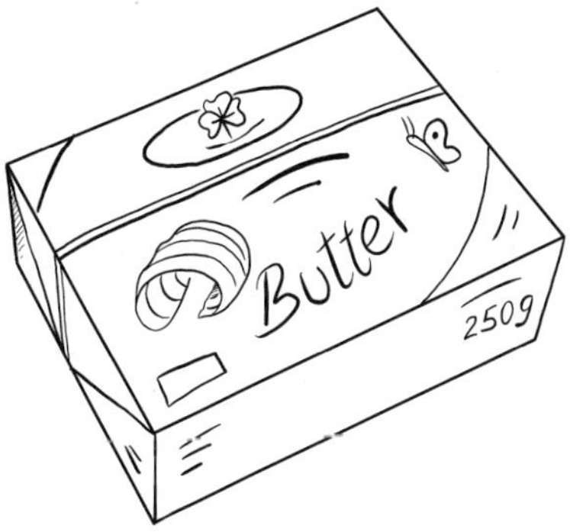

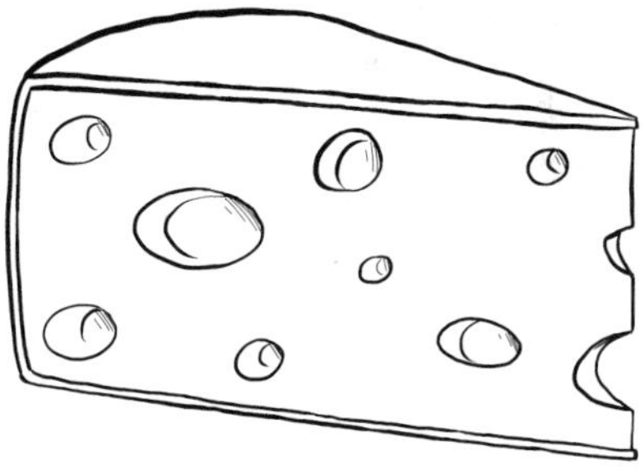

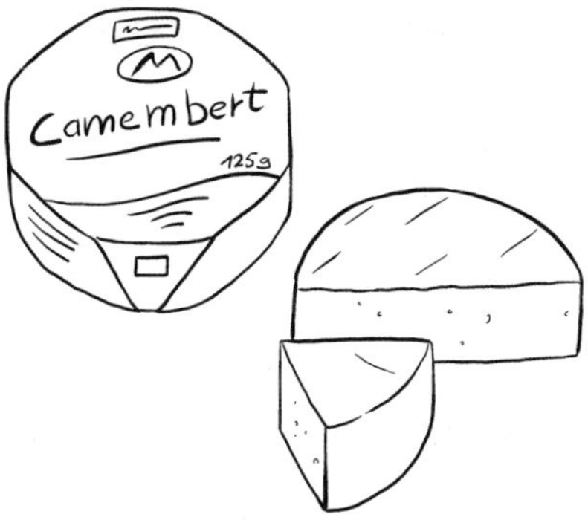

Michael Häußler: Tiere und Pflanzen in meiner Umgebung
© Persen Verlag

Ja-Karten (auf grünes Papier kopieren

Was ist alles aus Milch gemacht?
(Infokarten, Typ: Ja/Nein-Karten)

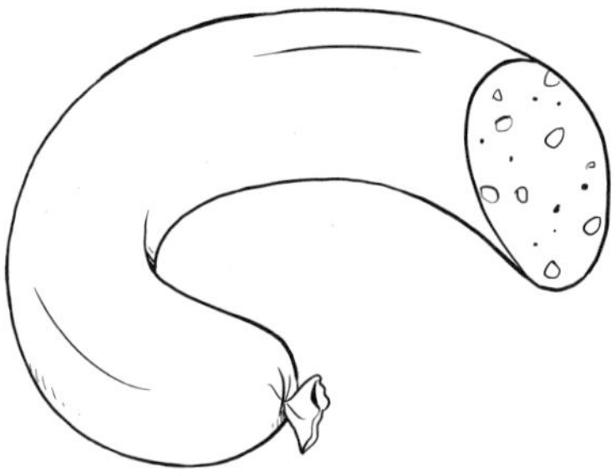

Wurst	Brot
Marmelade	Nudeln
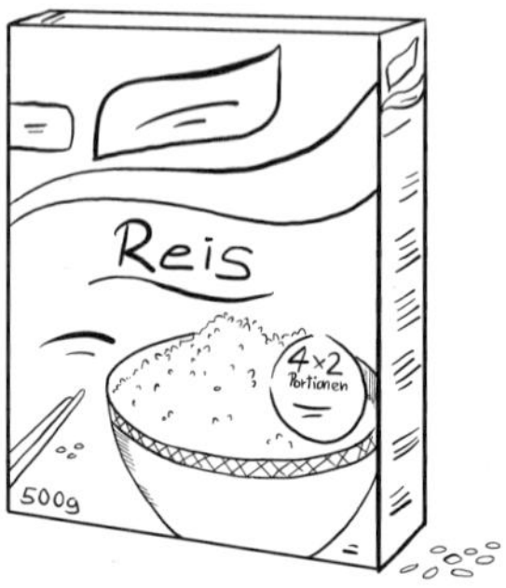 Reis	Honig
Mehl	Margarine

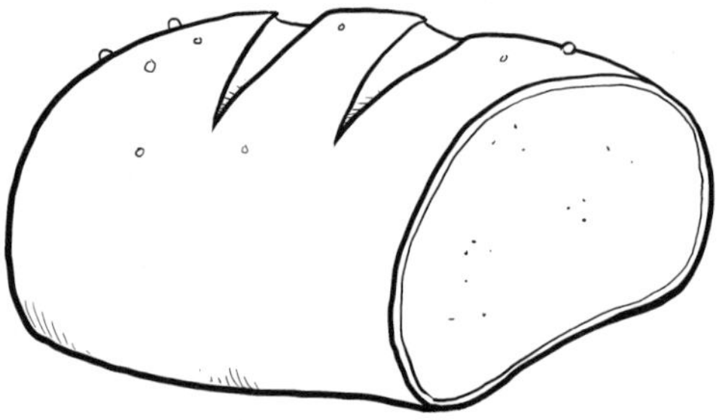

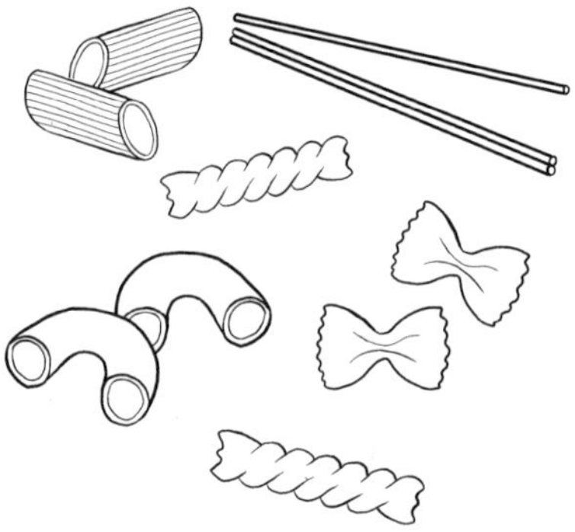

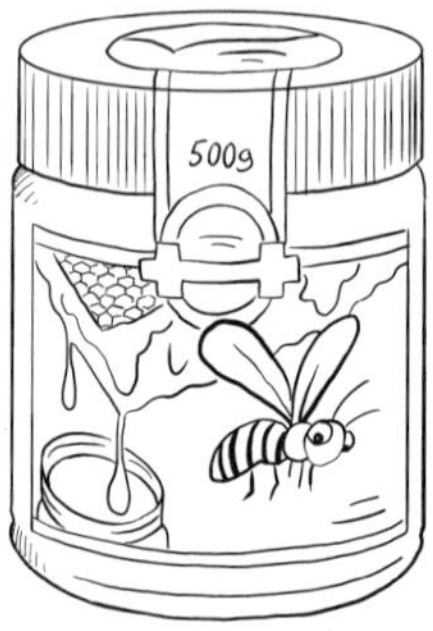

Nein-Karten (auf rotes Papier kopieren)

Was ist alles aus Milch gemacht?

Schreibe die Wörter aus dem Kasten in die Lücken.

Milch enthält _____, das ist wichtig für unsere Zähne und Knochen.

Kuhmilch bildet sich im _____ einer Kuh, die ein Kalb geboren hat.

Kühe produzieren mehr Milch, als sie eigentlich für ihre _____ brauchen.

Aus der übrigen Milch werden Butter, Käse, Joghurt und viele andere _____ gemacht.

Manche Kühe können im Jahr bis zu _____ Liter Milch geben.

Das sind 4 000 Flaschen Milch.

Euter   Kälbchen   Kalzium   4 000   Milchprodukte

Lies den Text.

Milch ist gesund. Sie enthält Kalzium, das ist wichtig für unsere Zähne und Knochen.

Kuhmilch bildet sich im Euter einer Kuh, die ein Kalb geboren hat.

Kühe geben mehr Milch, als sie eigentlich für ihre Kälbchen brauchen.

Aus der übrigen Milch werden Butter, Käse, Joghurt und viele andere Milchprodukte gemacht.

Manche Kühe können im Jahr bis zu 4 000 Liter Milch geben. Das sind 4 000 Flaschen Milch.

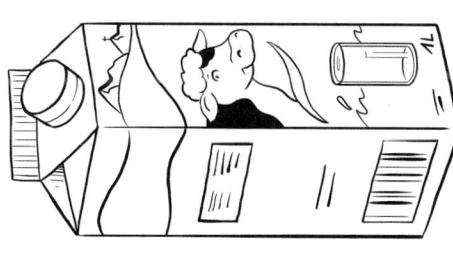

Was ist alles aus Milch gemacht?

 Was wird aus Milch gemacht? Schneide die richtigen Karten aus.

 Klebe die Karten in die Kästchen auf deinem Arbeitsblatt.

Quark	Butter	Wurst
Sahne	Brot	Buttermilch
Joghurt	Hartkäse	Marmelade
Sauerrahm	Nudeln	Weichkäse

Was ist alles aus Milch gemacht?

Name: _____ Datum: _____

Was wird aus Milch gemacht? Klebe die richtigen Karten auf.

Kennst du noch mehr Sachen, die aus Milch gemacht werden? Schreibe sie auf.

_____
_____
_____

Was die Tiere uns geben (Sachinformation)

Spricht man von Haustieren, so muss man streng genommen zwischen Heim- und Nutztieren unterscheiden. Heimtiere sind Tiere, die mit dem Menschen unter einem Dach leben (Hund, Katze, Vogel, kleine Nagetiere im Käfig etc.). Eine strenge Abgrenzung zu den Nutztieren ist dabei nicht immer möglich.

Zu den Nutztieren zählen alle in der Landwirtschaft genutzten Haustierarten und Haustierrassen, gleich ob diese dem Menschen für Ernährungszwecke oder als Last- oder Zugtiere einen Nutzen erbrachten oder noch erbringen. Weiterhin zählen dazu alle Tierarten und Rassen, die vorrangig wegen ihres Fells gehalten wurden und ebenso Tierarten, die dem Menschen auf andere Art und Weise als nützlich erschienen. Zu letzteren zählen zum Beispiel die Honigbienen.

Aus Gründen der inhaltlichen Reduktion werden hier nur Nutztiere ausgewählt, die bestimmte, den Schülern weitgehend bekannte Produkte liefern. Diese begegnen den Schülern in mehr oder weniger weiterverarbeiteter Form. Jedem Nutztier werden dabei zwei typische Produkte zugeordnet.

	Huhn	**Kuh**	**Schaf**	**Schwein**	**Gans**
Produkte	Eier, Fleisch	Milch, Fleisch, (Haut)	Wolle, Milch, (Fleisch)	Wurst und Fleisch, Haut	Fleisch, Federn
Gewinnung	Eine Henne legt zehn bis zwölf Eier, um sie auszubrüten. Dass Hühner heute so viele Eier legen – bis zu 300 Eier pro Henne und Jahr – liegt v. a. an der Züchtung.	Kühe werden zweimal täglich gemolken, meistens mit Melkmaschinen. Eine Kuh gibt im Durchschnitt 20 bis 40 l Milch am Tag, jährlich ca. 4 000 bis 7 000 l. Die Haut wird meist zu Leder weiterverarbeitet.	Das Schaf wird jedes Jahr im April oder Mai vollkommen geschoren (Vollschur). Eine Halbschur bekommt es zusätzlich im Herbst. Ein Schaf gibt etwa vier bis 5 kg Wolle/Jahr.	Bei einem ungefähren Gewicht von 100 kg werden Schweine im Schlachthof geschlachtet.	Gänse erreichen ein Schlachtgewicht von 4,5–5,5 kg nach 9–32 Wochen. Flaumfedern (Daunen) werden zur Füllung von Federbetten verwendet.

Was die Tiere uns geben (Methodentelegramm)

Prototyp:	Matrix	
Mögliche Sequenz:	Z. B. Anknüpfung an eine Sequenz „Milch und Milchprodukte", anhand derer verdeutlicht wird, dass die Kuh Milch liefert, aus der wiederum zahlreiche Milchprodukte hergestellt werden. Alternativ: Anhand eines ausgewählten Nutztieres wird zunächst erarbeitet, welch vielfältigen Nutzen dieses für den Menschen hat.	
Benötigtes Material	Tierprodukte: Abbildungen oder Realgegenstände Ein Satz Infokarten für je zwei Schüler oder Kleingruppe Optional: Differenzierungskarte Hausgans und entspr. Abbildung	
Stundenziel/e	Die Schüler wissen, dass viele Dinge des täglichen Lebens (Lebensmittel/Bekleidung, Gebrauchsgegenstände) von Nutztieren stammen.	
Stundenaufbau	Hinführung	z. B. Hinweis auf Sequenz „Milchprodukte" – Die Kuh gibt uns Milch, andere Tiere auf dem Bauernhof geben uns andere Dinge, die wir jeden Tag brauchen. Wir wollen heute herausfinden, was das für Dinge sind und welche Tiere sie uns geben.
	Erarbeitung	• **Vermutungen anstellen/Vorwissen aktivieren** Was geben uns die Tiere? Vermutungen: Lehrperson zeigt Tierprodukte (oder Abbildungen davon), Schüler vermuten, von welchen Tieren diese stammen. • **Informationsgewinnung** Arbeit mit den Infokarten: Schüler betrachten Tierprodukte (als Realgegenstand oder als Abbildung), suchen die passende Infokarte und ordnen zu. Differenzierungskarte als Zusatzaufgabe. Schüler mit schwerer geistiger Behinderung setzen sich unter Anleitung mit entsprechenden Realgegenständen auseinander.

	Sicherung	• **Fixierung an der Tafel mit Bildkarten:**
		  zusammengehörige Bildkarten werden an Tafel gehängt, begleitend:
		• **Versprachlichung**
		  „Das Schwein gibt uns … Daraus machen wir …"
		• Schüler, die mit der Differenzierungskarte „Hausgans" gearbeitet haben, berichten, zeigen die entspr. Abbildung (Zusatzmaterial).
		• Vermutungen werden überprüft.
		• **Arbeitsblatt**
		Individuelle Sicherung in Einzelarbeit.

	Vertiefung	Klärung des Begriffs „Nutztiere". Schüler nennen weitere Nutztiere, die sie kennen, sowie deren Produkte.

Was die Tiere uns geben (Infokarten, Typ Matrix)

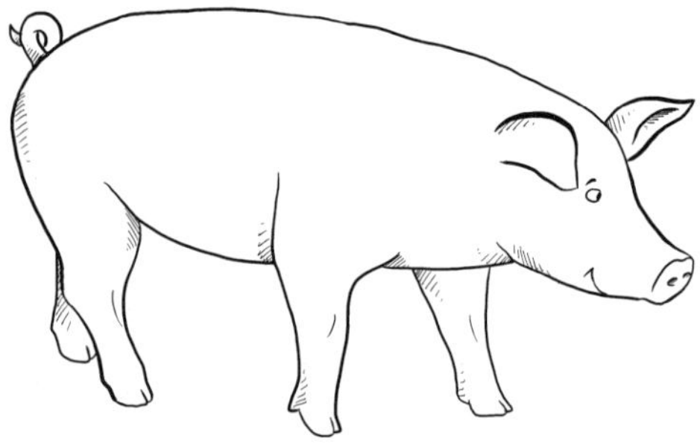

Schwein	Rind
Schweinefleisch und Wurst / Leder	Kuhmilch / Rindfleisch
Huhn	Schaf
Hähnchenfleisch / Ei	Wolle / Schafsmilch

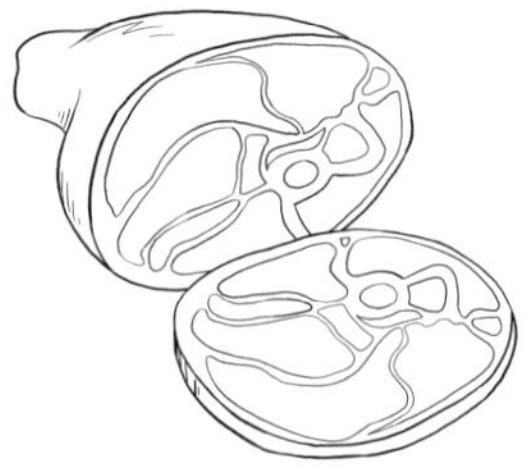

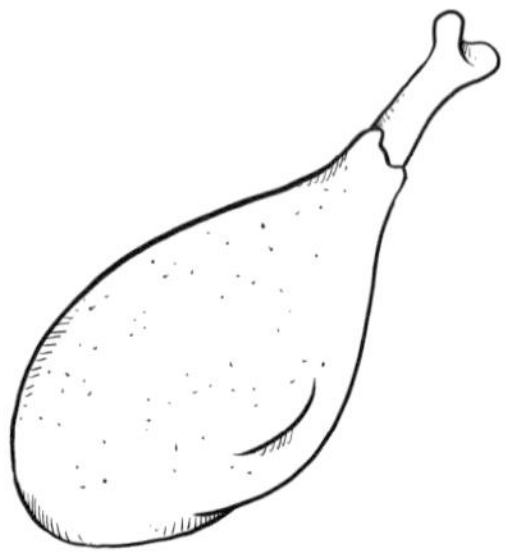

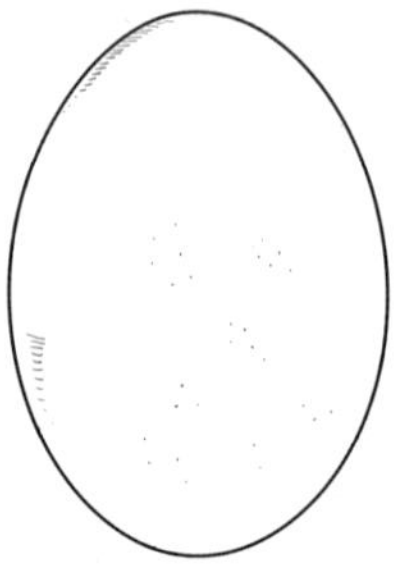

34 Infokarten

Michael Häußler: Tiere und Pflanzen in meiner Umgebung
© Persen Verlag

Was die Tiere uns geben

Was weißt du über die Hausgans?
Trage die Wörter aus dem Kasten in die Lücken ein.

Die Gans ist ein _____ Tier.

Ihr _____ schmeckt sehr gut.

Mit den Flaumfedern werden _____ gefüllt.

Die Federn der Gänse sind meistens _____.

Gänse können _____ bis _____ Kilogramm schwer werden.

Die Gans frisst _____ und _____.

Gras	*nützliches*	*Blätter*
Fleisch	*4* *Betten* *6*	*weiß*

Lies den Text.

Die Gans ist ein nützliches Tier.

Ihr Fleisch schmeckt sehr gut.

Mit ihren weichen Flaumfedern werden Betten gefüllt.

Mit den langen Federn hat man früher auch geschrieben.

Sie wurden mit einem Messer angespitzt und in Tinte getaucht.

Die Federn der Gans sind meistens weiß.

Gänse können 4 bis 6 Kilogramm schwer werden.

Die Gans frisst Gras und Blätter. Sie ist ein Pflanzenfresser.

Gänse sind sehr gescheit. Deshalb ist es falsch, jemanden „dumme Gans" zu nennen.

Was die Tiere uns geben

Was geben uns die Tiere?

 Schneide die richtigen Karten aus.

 Klebe die Karten in die Kästchen auf deinem Arbeitsblatt.

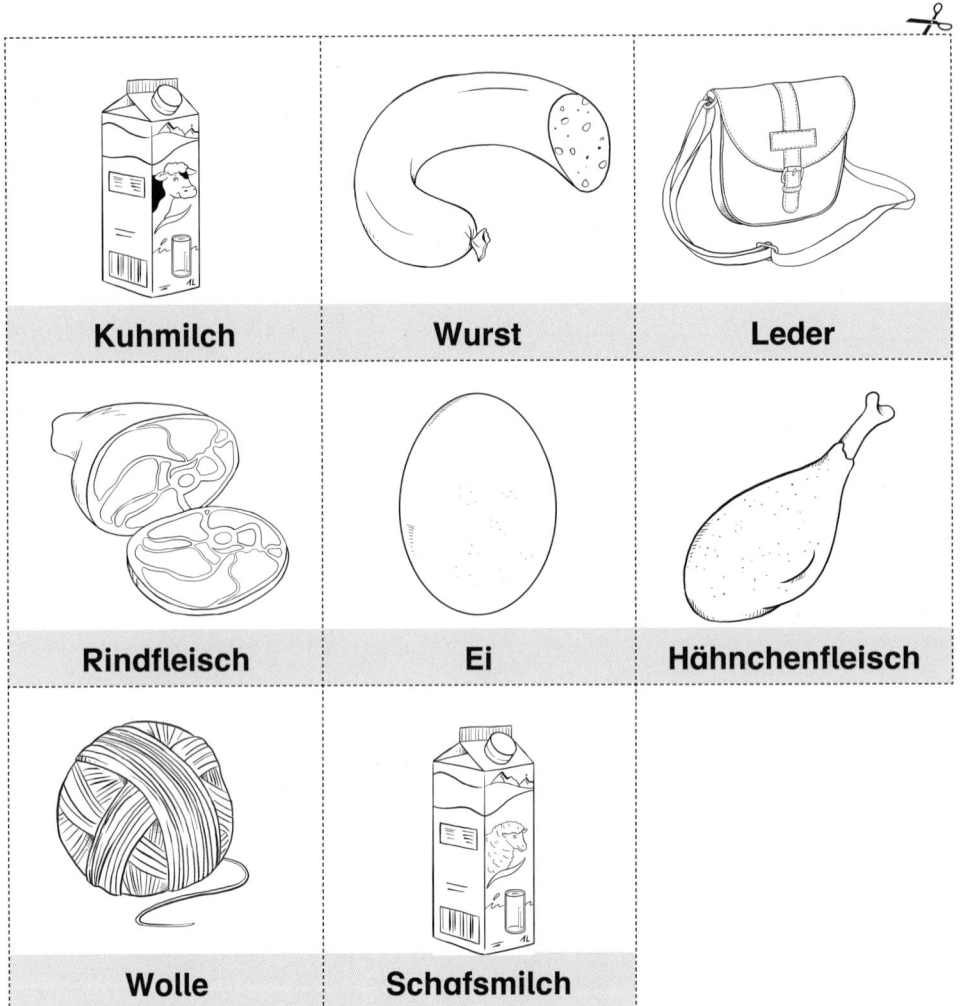

Was die Tiere uns geben

Name: _____ Datum: _____

Was geben uns die Tiere? Klebe die richtigen Karten auf.

Schwein	Rind	Huhn	Schaf

Michael Häußler: Tiere und Pflanzen in meiner Umgebung
© Persen Verlag

Wir kennen Getreide und wissen, was daraus gemacht wird (Sachinformation)

Die Thematik der Stunde knüpft an die Erfahrungsmöglichkeiten der Schüler in Bezug auf heimische Getreidesorten an. Diese erleben sie zum einen auf dem Feld, zum anderen in verarbeiteter Form als typische Produkte. Aus diesem lebensweltlichen Zugang heraus lässt sich auch die relativ weit gefasste Thematik der Stunde begründen.

Getreide	Aussehen	Produkte
Weizen	• Wird bis zu 1,50 m hoch • Ähren haben keine Grannen	• Brot, Brötchen, Kuchen aus Weizengrieß z. B. Nudeln oder Grießbrei
Roggen	• Wird bis zu 2 m hoch • Roggenähren haben Grannen*	• (dunkles) Brot, Roggenbrötchen
Hafer	• Wird bis zu 1,50 m hoch • keine Ähren, sondern sog. Rispen Haferkörner hängen einzeln an Stielen	• Haferflocken, aber auch Mehl oder Grieß
Mais	• Wird bis zu 2,50 m hoch • Maiskolben mit ihren Körnern sitzen seitlich am Stängel	• Tierfutter oder Verwendung in Biogasanlagen gelbes Maismehl oder Maisgrieß • Cornflakes oder Popcorn
Gerste	• wird 60 cm hoch • lange Grannen an den Ähren	• Tierfutter (Wintergerste) • Bier (oder Whisky)

* Als Grannen bezeichnet man die „langen Haare" am Getreide.

Wir kennen Getreide und wissen, was daraus gemacht wird (Methodentelegramm)

Prototyp:	Matrix	
Mögliche Sequenz:	1. Aufbau einer Getreidepflanze am Beispiel des Weizens (Blüte (Ähre – ohne Grannen)/Halm/Blätter/Wurzel/Korn). 2. Wir mahlen Mehl aus Weizenkörnern. **3. Wir kennen heimische Getreidearten und ihre Produkte.** 4. Wir machen selbst Haferflocken. 5. … Weitere handlungsorientierte Themen, bei denen die Verarbeitung von Getreide und Getreideprodukten im Mittelpunkt steht.	
Benötigtes Material:	• Mehrere Halme von jeder Getreidepflanze (1x pro Partnergruppe) • Produkte/Lebensmittel, wie auf den Karten abgebildet (je 1x pro Partnergruppe) oder Abbildungen davon. • Ein Satz Infokarten für je zwei Schüler oder Kleingruppe. • Optional: Differenzierungskarte Gerste und entspr. Abbildung	
Stundenziel/e	• Die Schüler erkennen Getreidearten anhand der Frucht (Ähren, Rispe, Grannen). • Die Schüler ordnen den Getreidearten die zugehörigen Lebensmittel zu.	
Stundenaufbau	Hinführung	Anknüpfung an die vorangehenden Stunden – Weizen, aus dem Mehl gemahlen wurde: Es gibt bei uns noch mehr Getreidearten. Wir lernen heute, wie sie aussehen und was man aus ihnen machen kann.
	Erarbeitung	• **Vermutungen anstellen/Vorwissen aktivieren** Lehrperson zeigt Getreide und Produkte, Schüler vermuten, bringen Vorwissen ein. • **Informationsgewinnung** Schüler arbeiten mit Realgegenständen und Infokarten: Sie betrachten Getreide, suchen die passende Karte und anschließend noch die passenden Produkte. Differenzierungskarte als Zusatzaufgabe. Schüler mit schwerer geistiger Behinderung setzen sich unter Anleitung mit entsprechenden Realgegenständen auseinander.
	Sicherung	• **Fixierung an der Tafel** mit Bildkarten (passende Bildkarten werden an Tafel gehängt), begleitend: • **Versprachlichung** Schüler beschreiben Getreide mit den in der Vorstunde erlernten Fachbegriffen, nennen zugehörige Produkte. • Schüler, die mit der Differenzierungskarte „Gerste" gearbeitet haben, berichten und zeigen entspr. Abbildung. • **Vermutungen** werden überprüft. • **Arbeitsblatt** Individuelle Sicherung in Einzelarbeit.
	Vertiefung	Die Schüler nennen weitere Getreideprodukte, die sie kennen.

Wir kennen Getreide und wissen, was daraus gemacht wird (Infokarten, Typ Matrix)

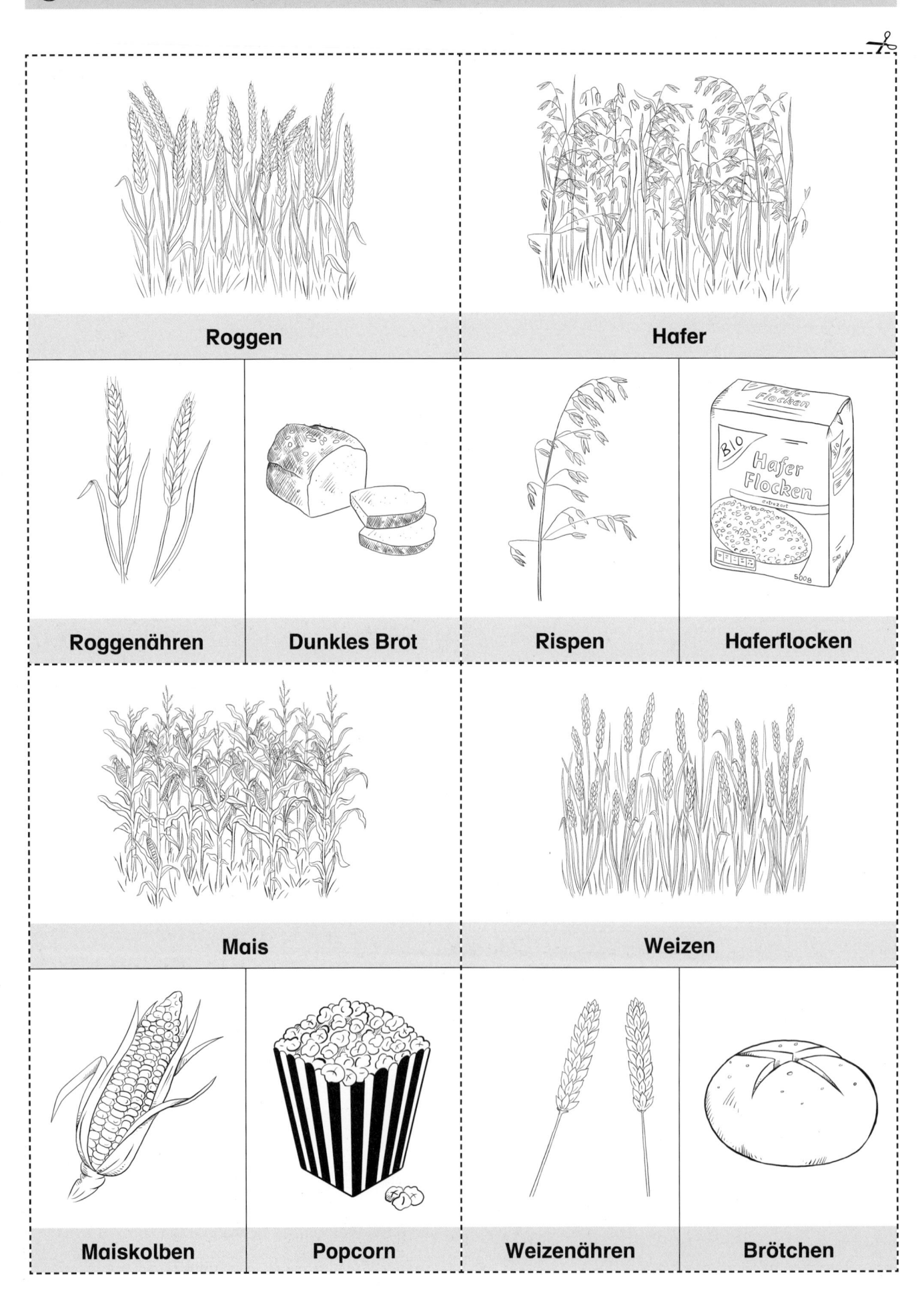

Roggen	Hafer
Roggenähren / Dunkles Brot	Rispen / Haferflocken
Mais	Weizen
Maiskolben / Popcorn	Weizenähren / Brötchen

Wir kennen Getreide und wissen, was daraus gemacht wird

Kreuze die richtigen Antworten an.

☐ Gerste ist größer als Weizen oder Roggen.
☐ Gerste ist kleiner als Weizen oder Roggen.
☐ Gerste wird 60 Zentimeter hoch.
☐ Gerste wird 6 Zentimeter hoch.
☐ Die Ähren der Gerste haben keine Grannen.
☐ Die Ähren der Gerste haben sehr lange Grannen.
☐ Aus Wintergerste macht man Futter für Tiere.
☐ Aus Sommergerste macht man Bier oder Whisky.

Lies den Text.

Die Gerste

Gerste ist kleiner als Weizen oder Roggen.

Gerste wird 60 Zentimeter hoch.

Die Ähren der Gerste haben sehr lange Grannen.

Daran kannst du die Gerste gut erkennen.

An einer Ähre wachsen 25 bis 50 Körner.

Es gibt Wintergerste und Sommergerste.

Wintergerste wird im September und Oktober gesät.

Aus der Wintergerste macht man Futter für die Tiere.

Sommergerste wird im Februar oder März gesät.

Aus der Sommergerste wird Bier oder Whisky gemacht.

Wir kennen Getreide und wissen, was daraus gemacht wird (1)

Was passt zu welchem Getreide?

✂ **Schneide die Karten aus.**

🖍 **Klebe die Karten in die Kästchen auf deinem Arbeitsblatt.**

Weizenähren	Brötchen
Roggenähren	Dunkles Brot
Rispen	Haferflocken
Maiskolben	Popcorn

Kärtchen in die Kästen auf S. 43 kleben lassen.

Wir kennen Getreide und wissen, was daraus gemacht wird (2)

Name: _____ Datum: _____

Klebe die Karten zum richtigen Getreide.

Weizen	Roggen	Hafer	Mais

Welche Tiere leben auf der Wiese?
(Sachinformation)

Bei Wiesen unterscheidet man je nach Nutzung und Gestalt Blumenwiesen, Feuchtwiesen (in Flusstälern oder an Seen, teilweise überschwemmt), Salzwiesen (am Meer) sowie Fettwiesen (nährstoffreiche, gedüngte Wiesen).

Wiesen sind nicht natürlich entstanden, sondern werden vom Menschen geschaffen und erhalten. Trotzdem sind gerade die Wiesen ein wichtiger Lebensraum für Pflanzen und Tiere aller Art.

Während eine Weide für das Grasen von Tieren angelegt wird, wird die Wiese durch Mähen genutzt und erhalten. Dabei wird das Entstehen von Büschen und Bäumen verhindert.

In der vorliegenden Stunde geht es zunächst um typische heimische Wiesenbewohner. Nachdem diese identifiziert wurden, kann in einer vertiefenden Phase noch darauf eingegangen werden, welche „Stockwerke" der Wiese diese bevölkern (vgl. auch die folgende Unterrichtseinheit zu Wiesenpflanzen – hier werden die gleichen Begriffe verwendet), wobei eine eindeutige Zuordnung nicht immer möglich ist, da manche Tiere auch in mehreren Stockwerken leben. Außerdem kann die Lehrkraft auf die Zugehörigkeit der Tiere zu verschiedenen Gattungen hinweisen.

Blütenstockwerk:

Name	Gattung	Besonderheiten
Biene	Insekten	Honiglieferantin, bestäubt die Blüten der Pflanzen, sodass diese Früchte tragen. Blütenstaub bleibt im „Körbchen" an den Beinen und im Pelz der Bienen hängen. Man unterscheidet Königin (sorgt für Nachwuchs), Arbeiterinnen und Drohnen (männliche Biene).
Schmetterling (z. B. Zitronenfalter)		Zahlreiche heimische Arten, z. B. Admiral, Kleiner Fuchs, Tagpfauenauge, Zitronenfalter Lebensphasen: Ei – Raupe (Fressstadium) – Puppe – Falter

Blätterstockwerk (Stängelschicht)

Name	Gattung	Besonderheiten
Marienkäfer	Insekten	Gilt als Glücksbringer. Marienkäfer sind etwa sechs bis acht Millimeter große Käfer mit rundem, halbkugelförmigem Körper. Es gibt sie in verschiedenen Farben wie gelb, rot oder schwarz mit jeweils andersfarbigen Punkten. Je nach Art tragen sie mehr oder weniger Punkte auf dem Rücken.
Spinne (z. B. Kreuzspinne)	Spinnentiere	Ihr Körper besteht aus mindestens zwei Gliedern – der Kopfbrust und dem Hinterleib. Außerdem haben sie am Mund häufig Werkzeuge wie Scheren, Taster oder Klauen! Kreuzspinnen haben kreuzförmig angeordnete Flecken auf dem Hinterleib. Sie lähmen bzw. töten ihre Beute mit Gift, ihr Biss ist aber für den Menschen harmlos.

Welche Tiere leben auf der Wiese? (Sachinformation)

Bodenstockwerk (Wurzel-, Boden- bzw. Streuschicht)

Name	Gattung	Besonderheiten
Regenwurm	Würmer	Je nach Art bis zu dreißig Zentimeter lang. Körper besteht aus bis zu 150 Segmenten. Fortbewegung kommt durch Zusammenziehen des Hautmuskelschlauches zustande. Lebt ausschließlich im Boden, wo er enge Gänge und Röhren gräbt. Dies kommt der Auflockerung des Grundes zugute. Durch das verzweigte Röhrensystem kann sich das Wasser im Boden besser verteilen. Frisst Pflanzenteile und Erde.
Schnecke (z. B. Wegschnecke)	Weichtiere	Besitzt keine Knochen, hinterlässt Schleimspur, welche den Schneckenkörper vor dem rauen Untergrund schützt. Mit ihren Fühlern ertastet die Schnecke ihren Weg. Der Schneckenkopf hat zwei Paar Fühler. Auf den längeren Fühlern sitzen die Augen, die kürzeren Fühler dienen zum Riechen und Tasten. Frisst Gräser und Blätter, Gemüse, Salat, zerbeißt diese mit ihren Hornzähnchen.
Maulwurf	Säugetiere	Fast blind, gräbt mit den Vorderpfoten, die wie Grabschaufeln aussehen, Gänge. Erde wird nach oben geschoben (Maulwurfshaufen). Gänge verlaufen nahe der Erdoberfläche und werden unterbrochen von Kammern, die der Maulwurf mit Moos und Blättern auspolstert. Frisst Regenwürmer, Insekten und Spinnen, die er in seinen Gängen mit seiner feinen Nase aufspürt.
Feldhase		Wiegt ausgewachsen drei bis sechs Kilogramm, Fell im Sommer erdbraun, im Winter gräulich-braun. Hinterläufe sind extrem lang, deshalb „hoppelt" der Hase. Kann drei Meter weit und zwei Meter hoch springen! Auf der Flucht abrupte Richtungswechsel („Haken schlagen"). Spitzengeschwindigkeiten von bis zu 80 km/h. Ohren („Löffel") sind 10–15 Zentimeter lang. Hat viele natürliche Feinde, außerdem bedroht durch intensive Landwirtschaft (kaum Rückzugsmöglichkeiten).
Grashüpfer	Insekten	Gehören zur Familie der Feldheuschrecken, haben kurze Fühler. Färbung ist grün und braun, dadurch gut getarnt. Können mit ihren starken Hinterbeinen hoch und weit springen. Charakteristisches Geräusch: Zirpen, das durch Aneinanderreiben von Hinterbein und Flügel entsteht, dient als Lockruf für Weibchen sowie zur Markierung des Reviers.
Tausendfüßler		Besitzt keine 1000, aber acht bis 340 Beinpaare, heimische Arten ernähren sich hauptsächlich von Pflanzen bzw. abgestorbenen Pflanzenteilen. Kopf mit Antennen und Mundwerkzeugen, Körpersegmente mit den Beinpaaren.

Welche Tiere leben auf der Wiese?
(Methodentelegramm)

Prototyp:	Vorder- und Rückseite	
Mögliche Sequenz:	1. Der Maulwurf (Körperbau/Anpassung/Nahrung) **2. Tiere auf der Wiese** 3. Betrachten einiger Tiere mit der Becherlupe 4. Siehe Sequenz „Wiesenpflanzen" als Anschlussthema: Exemplarische Behandlung einer Wiesenpflanze – Arbeit mit Infokarten zum Thema „Wiesenpflanzen" – Vertieftes Eingehen auf die „Stockwerke" der Wiese	
Benötigtes Material:	• Karteikarten – jeweils ein Satz für zwei Schüler bzw. eine Kleingruppe • Optional: Bildkarten für die Hand der Schüler sowie das Tafelbild • Arbeitsblatt • Als Differenzierung (optional): Differenzierungskarte	
Stundenziel/e	Die Schüler kennen und benennen Tiere, die auf der Wiese leben.	
Stundenaufbau	Hinführung	• Bild oder Foto: Wiese – welche Tiere leben hier? • Evtl. Anknüpfung an Sequenz: Den Maulwurf als Wiesenbewohner haben wir bereits kennengelernt – welche Tiere leben noch mit ihm auf der Wiese?
	Erarbeitung	• **Vermutungen anstellen/Vorwissen aktivieren** Schüler überlegen, welche Tiere auf einer Wiese leben bzw. bringen entsprechendes Vorwissen ein. • **Informationsgewinnung** Schüler arbeiten in Partnerarbeit oder Kleingruppen mit den Infokarten – ordnen z. B. Karten mit Wiesentieren auf ein grünes Tonpapier/Rhythmiktuch, sortieren andere Abbildungen aus. Differenzierungskarte als Zusatzaufgabe.
	Sicherung	• **Fixierung an der Tafel mit Bildkarten:** passende Bildkarten werden an Tafel gehängt, begleitend: • **Versprachlichung** „Der/die ... lebt auf der Wiese" • Schüler, die mit den Differenzierungskarten gearbeitet haben, berichten • **Vermutungen** werden überprüft. • **Arbeitsblatt** Individuelle Sicherung in Einzelarbeit.
	Vertiefung (optional)	Lehrerinfo/Unterrichtsgespräch: – Lehrkraft stellt verschiedene „Stockwerke" der Wiese vor, zeigt dazu Tafelskizze – Schüler vermuten, in welchem die behandelten Tiere jeweils leben. – Lehrkraft stellt exemplarisch verschiedene Gattungen vor: Der Maulwurf ist ein Säugetier, der Marienkäfer ein Insekt ...

Welche Tiere leben auf der Wiese?
(Infokarten, Typ: Vorder- und Rückseite)

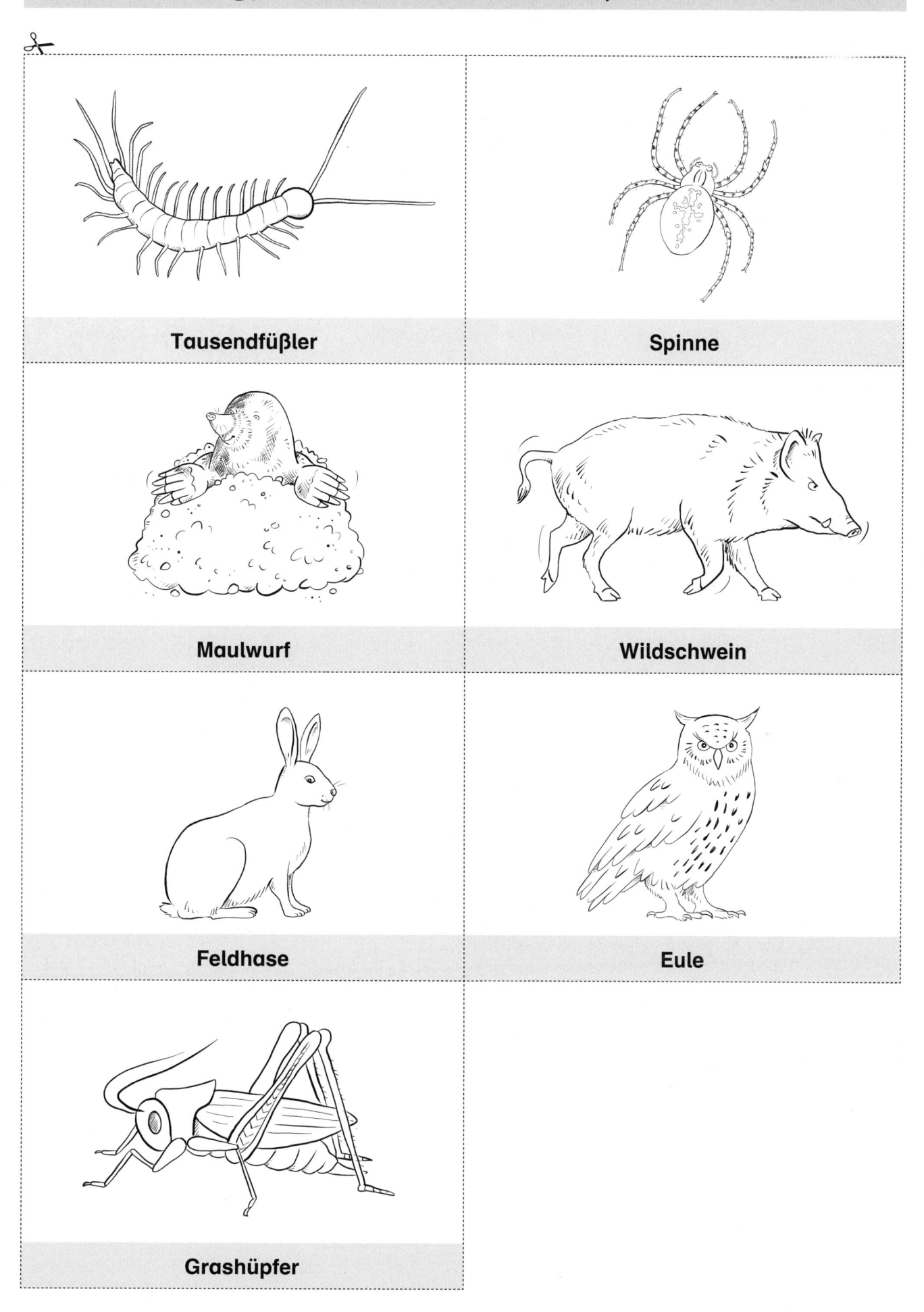

Tausendfüßler	Spinne
Maulwurf	Wildschwein
Feldhase	Eule
Grashüpfer	

Michael Häußler: Tiere und Pflanzen in meiner Umgebung
© Persen Verlag

Vorderseite Infokarten (Doppelseitig kopieren mit Rückseite auf S. 48)

Welche Tiere leben auf der Wiese?
(Infokarten, Typ: Vorder- und Rückseite)

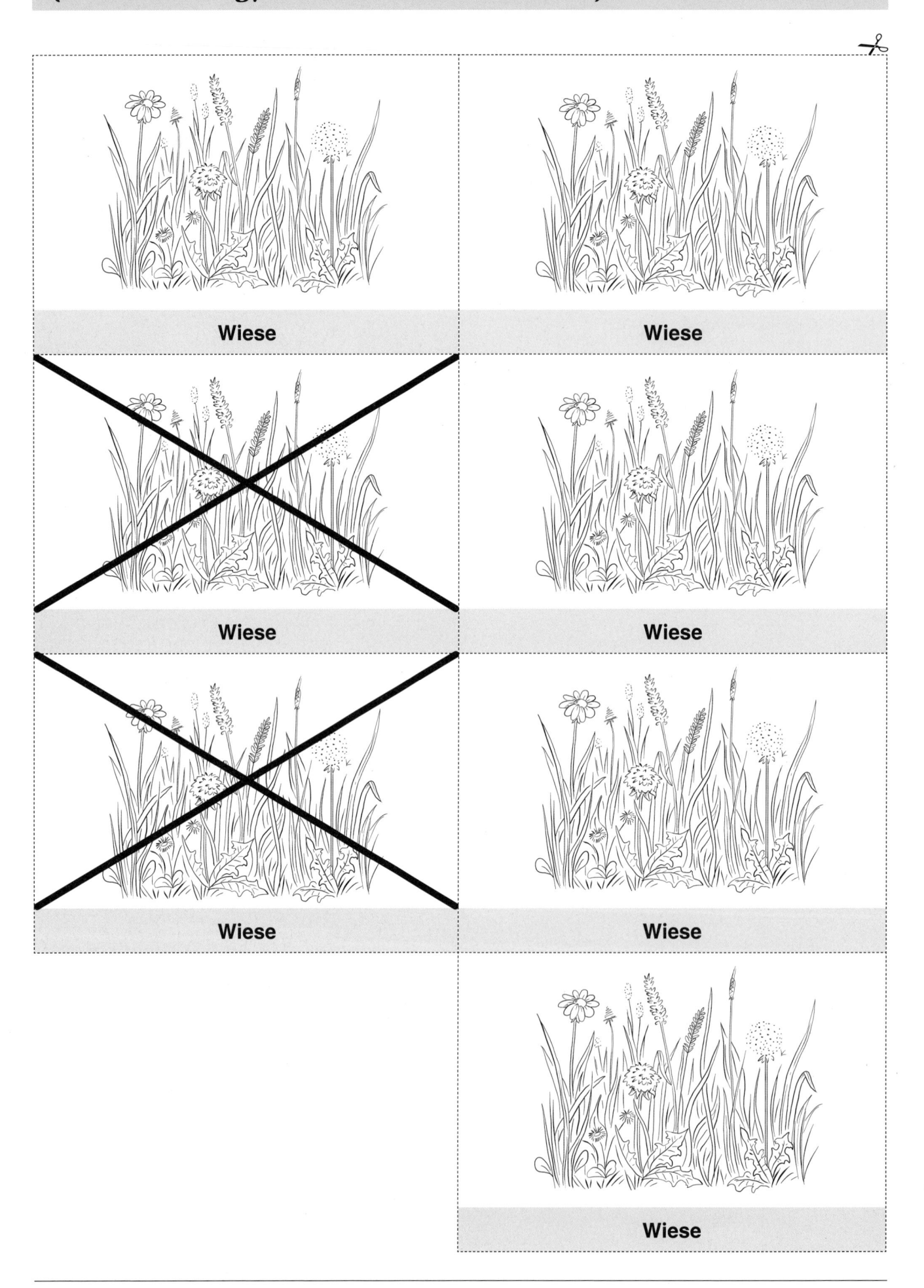

Wiese

Wiese

Wiese

Wiese

Wiese

Wiese

Wiese

Wiese

Welche Tiere leben auf der Wiese?
(Infokarten, Typ: Vorder- und Rückseite)

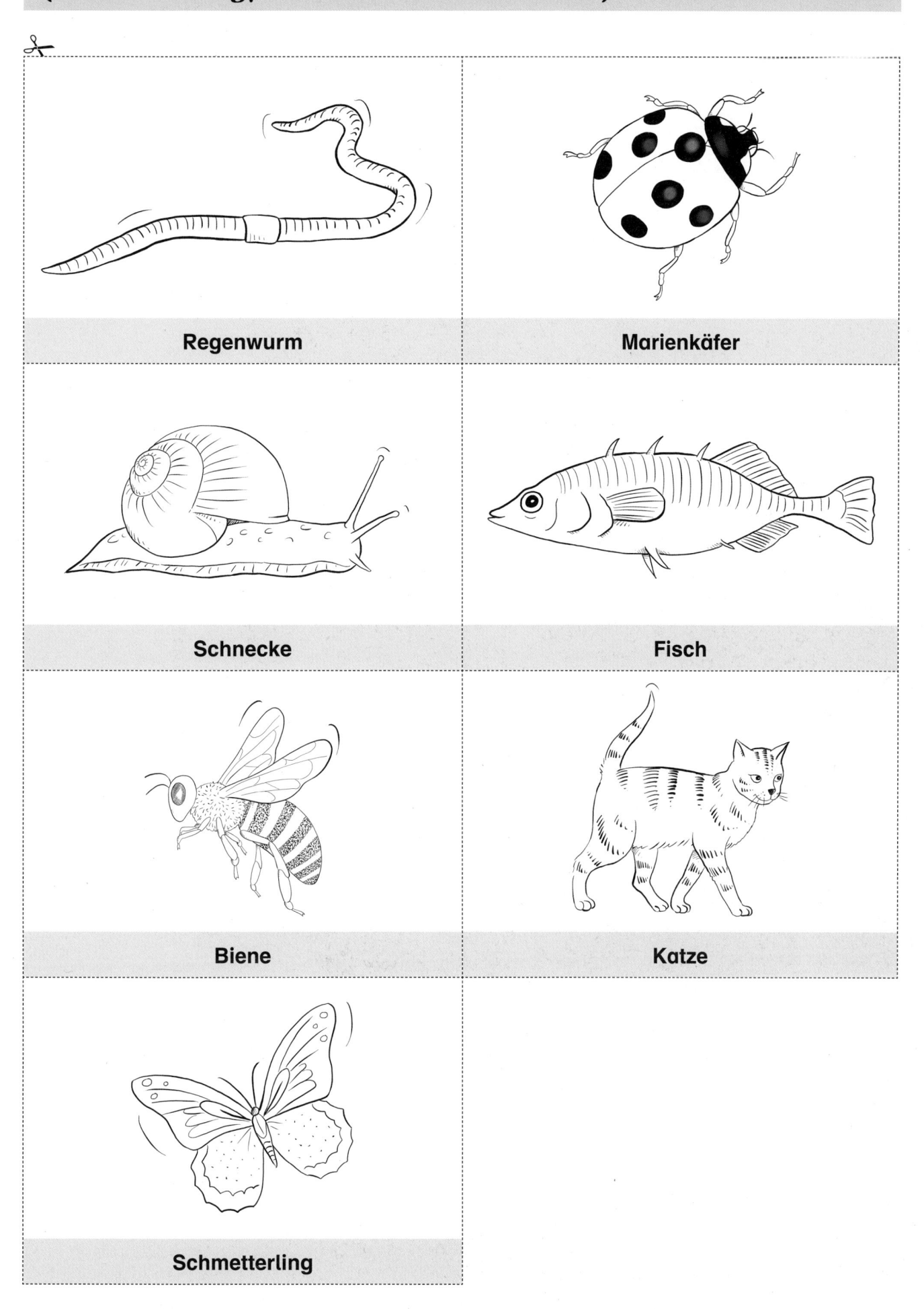

Regenwurm	**Marienkäfer**
Schnecke	**Fisch**
Biene	**Katze**
Schmetterling	

Michael Häußler: Tiere und Pflanzen in meiner Umgebung
© Persen Verlag

Vorderseite Infokarten (Doppelseitig kopieren mit Rückseite auf S. 48)

Welche Tiere leben auf der Wiese?

Name: _____ Datum: _____

📖 **Lies den Text.**

✏️ **Beantworte die Fragen auf der nächsten Seite.**

Tiere auf der Wiese

Der Maulwurf

Der Maulwurf wohnt in der Erde.
Seine Augen sind klein, er ist fast blind, kann aber sehr gut riechen.
Mit der spitzen Rüsselschnauze sucht er unter der Erde
Insekten, Regenwürmer und Schnecken. Die frisst er gerne.
Die Vorderbeine des Maulwurfs sind wie Schaufeln.
Mit seinen Krallen gräbt er Gänge in den Boden.
Mit dem Kopf stößt er die Erde nach oben.
Dort sieht man dann die Maulwurfshügel.

Die Schnecke

Viele Schnecken haben ein Schneckenhaus.
Das Schneckenhaus schützt die Schnecke vor dem Austrocknen
und vor Feinden.
Schnecken sind Pflanzenfresser.
Sie reiben Pflanzenteile mit ihrer Zunge ab.
Dafür hat die Zunge viele kleine Zähne.
Schnecken sind schleimig und dürfen nicht austrocknen.

Der Marienkäfer

Marienkäfer sind kleine rote oder gelbe Käfer mit schwarzen Punkten.
Marienkäfer fressen viele Blattläuse und sind deswegen sehr nützlich.
Marienkäfer werden oft auch Glückskäfer genannt.

Welche Tiere leben auf der Wiese?

Name: _____ Datum: _____

Beantworte die Fragen.

1. **Wo wohnt der Maulwurf?**

   _____

   _____

2. **Was frisst der Maulwurf gerne?**

   _____

   _____

3. **Was sieht man oben auf der Wiese, wenn der Maulwurf Gänge gräbt?**

   _____

   _____

4. **Warum hat die Schnecke ein Schneckenhaus?**

   _____

   _____

5. **Wie fressen Schnecken?**

   _____

   _____

6. **Warum sind Marienkäfer nützliche Tiere?**

   _____

   _____

Welche Tiere leben auf der Wiese?

Name: _____ Datum: _____

Kreise die Tiere ein, die auf der Wiese leben.

In welchem Stockwerk „wohnen" die Wiesenpflanzen? (Sachinformation)

Auf einer Wiese wachsen viele verschiedene Gräser und Blumen dicht nebeneinander. Diese kann man – ähnlich wie ein Haus – in Stockwerke gliedern: Hier werden die Begriffe Blüten-, Blätter- und Bodenstockwerk verwendet (vgl. Kapitel 3. Tiere auf der Wiese).

Unter der Erde befindet sich schließlich noch die Wurzelschicht, die in der vorliegenden Einheit jedoch nicht eigens thematisiert wird.

Blütenstockwerk: Pflanzen, die viel Licht brauchen, ragen über die anderen hinaus und bilden das Blütenstockwerk bzw. die Blütenschicht.

Name	Blüte	Blatt	Besonderheiten
Sauerampfer	Rötliche bis rostfarbene Blüten, die in einer Art Rispe wachsen.	Glatt und länglich, auffällige Blattaderung	Als Heilpflanze fiebersenkend, vielfältige Verwendung in der Küche
Margerite	Weiße Zungenblüten, gelbe Röhrenblüten	Leicht gestielt, zackiger Rand	Auch als Zierpflanze in Gärten und als Kübelpflanze beliebt.
(Wiesen-) Glockenblume	Glockenartig, 5 lila bzw. blau/rote Kronenblätter	5 Kelchblätter	Gerne auf trockenen und mageren Wiesen, gefährdet, da diese häufig in Acker- oder Grünland umgewandelt werden.

Blätterstockwerk: Im Blätter- und Stängelstockwerk bzw. der Krautschicht wachsen Pflanzen mittlerer Höhe.

Name	Blüte	Blatt	Besonderheiten
Löwenzahn	gelber Blütenkopf aus ungefähr 200 Einzelblüten (Zungenblüten)	Blätter in einer Rosette am Boden, tief eingeschnitten, gezähnt	starke Pfahlwurzel, wird nach der Blüte zur „Pusteblume", Heilpflanze
Rotklee	Duftende rote, kugelige Blütenköpfe	Blätter bestehen aus drei kleinen Teilblättchen, selten aus vier („Glücksklee").	Futterpflanze, verbessert den Boden
Hahnenfuß	goldgelbe Blüte mit 5 glänzenden Blütenblättern	handförmig, in 3–5 Teile tief eingeschnitten	Enthält einen scharf schmeckenden Giftstoff, der von den Kühen nicht gern gefressen wird, bildet deshalb auch auf sonst abgeweideten Wiesen auffällige gelbe Blüteninseln.
Spitzwegerich	Weißgelbe Blüten	Mittelgrüne, ca. 10 bis 20 cm lange Blätter mit deutlich erkennbaren Blattrippen, schmal und spitz zulaufend.	Als Heilpflanze insbesondere wirksam bei Husten und Atemwegserkrankungen.

Bodenstockwerk: Im Bodenstockwerk (Streuschicht) findet man niedrig wachsende Pflanzen.

Name	Blüte	Blatt	Besonderheiten
Gänseblümchen	Korbblüte mit gelben Röhrenblüten im Inneren, umgeben von weißen Zungenblüten, die am Rand oft rötlich gefärbt sind.	spatelförmige, verkehrt eiförmige Blätter	Häufig auf Wiesen und Parkrasen, an Wegrändern; viele Zuchtformen im Garten; früher Heilpflanze gegen Verstopfung

In welchem Stockwerk „wohnen" die Wiesenpflanzen? (Methodentelegramm)

Prototyp:	Vorder- und Rückseite	
Mögliche Sequenz:	1. Unterrichtsgang zur Wiese, Pflanzen betrachten **2. Pflanzen auf der Wiese** 3. Anlegen einer „Wiese im Kübel" mit einer entsprechenden Samenmischung 4. Pflanzenkartei anlegen	
Benötigtes Material:	• Infokarten „Vorder- und Rückseite – jeweils ein Satz für zwei Schüler bzw. eine Kleingruppe • Realgegenstände (Wiesenblumen, Gräser) • Optional: Bildkarten für das Tafelbild • Arbeitsblatt • Optional: Differenzierungskarte	
Stundenziel/e	Die Schüler kennen verschiedene Wiesenpflanzen. Die Schüler wissen, dass die Wiese verschiedene Schichten bzw. Stockwerke hat, denen jeweils bestimmte Gräser und Blumen zugeordnet werden können.	
Stundenaufbau	Hinführung	z. B. Anknüpfung an Unterrichtsgang zu einer Wiese: Betrachten verschiedener Wiesenpflanzen. Lehrkraft weist darauf hin, dass die Wiese verschiedene Stockwerke hat (evtl. entsprechende Zeichnung mit dem Symbol „Haus" an der Tafel wie auf dem AB – vgl. Seite 60). Fragestellung: Zu welchem Stockwerk gehören die Pflanzen?
	Erarbeitung	• **Vermutungen anstellen/Vorwissen aktivieren** Lehrperson zeigt Pflanzen (oder Abbildungen), benennt sie. Schüler überlegen (z. B. anhand der Größe), welchem Stockwerk diese zuzuordnen sind. • **Informationsgewinnung** Arbeit mit den Infokarten in Partnerarbeit oder Kleingruppenarbeit – Schüler sortieren die Karten z. B. von oben nach unten. Differenzierungskarte als Zusatzaufgabe.
	Sicherung	• **Fixierung an der Tafel mit Bildkarten:** Passende Bildkarten werden an Tafel gehängt, z. B. in Tafelskizze mit den jeweiligen „Stockwerken", begleitend: • **Versprachlichung** „Das Gänseblümchen wohnt im Bodenstockwerk" • Schüler, die mit den Differenzierungskarten gearbeitet haben, berichten. • Vermutungen werden überprüft. • **Arbeitsblatt** Individuelle Sicherung in Einzelarbeit.
	Vertiefung	Lehrkraft erklärt, dass im Blütenstockwerk v. a. Pflanzen zu finden sind, die viel Licht brauchen.

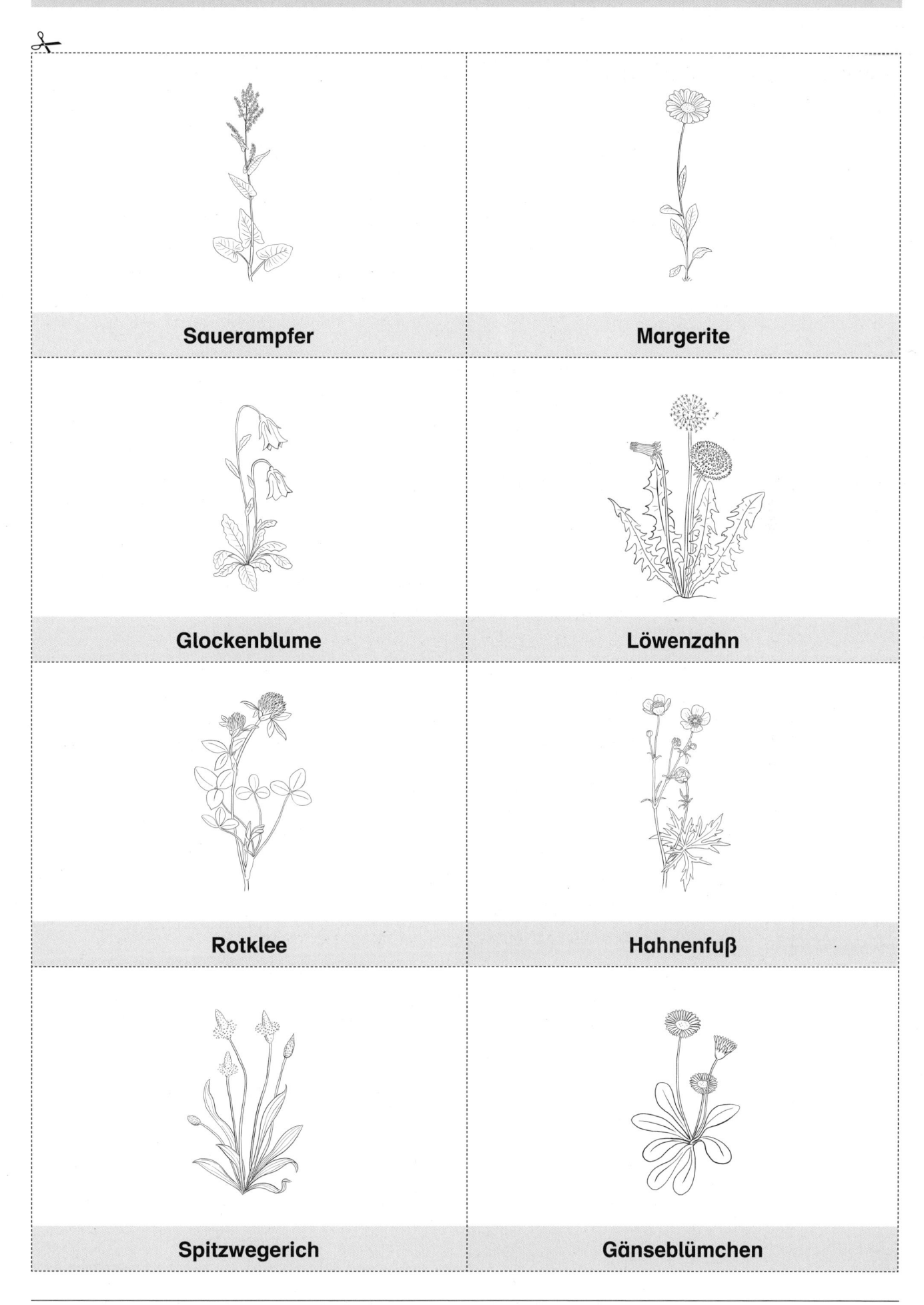

In welchem Stockwerk „wohnen" die Wiesenpflanzen?
(Infokarten, Typ: Vorder- und Rückseite)

Sauerampfer	**Margerite**
Glockenblume	**Löwenzahn**
Rotklee	**Hahnenfuß**
Spitzwegerich	**Gänseblümchen**

Michael Häußler: Tiere und Pflanzen in meiner Umgebung
© Persen Verlag

Vorderseite Infokarten (Doppelseitig kopieren mit Rückseite auf S. 56)

In welchem Stockwerk „wohnen" die Wiesenpflanzen?
(Infokarten, Typ: Vorder- Und Rückseite)

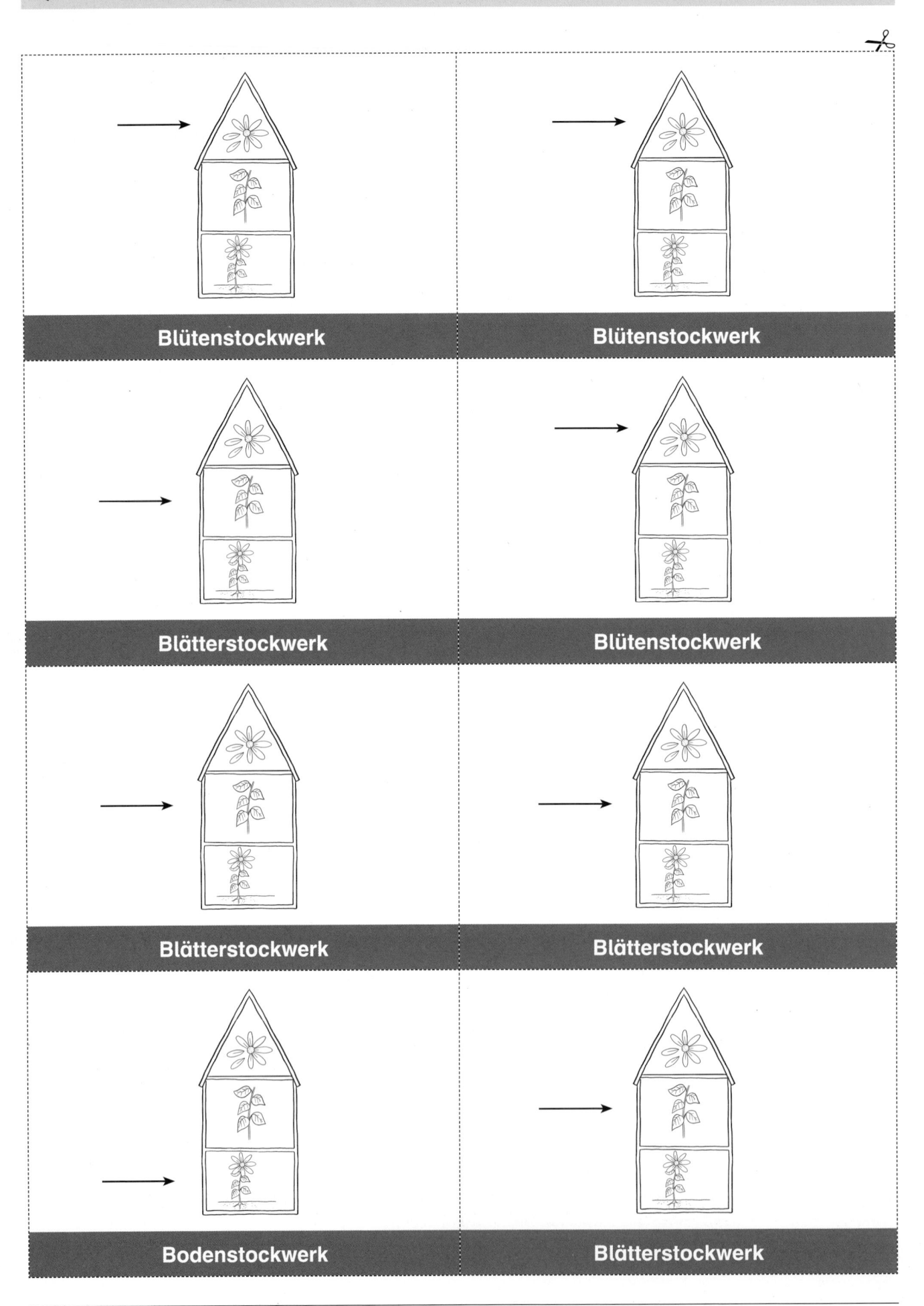

Blütenstockwerk	**Blütenstockwerk**
Blätterstockwerk	**Blütenstockwerk**
Blätterstockwerk	**Blätterstockwerk**
Bodenstockwerk	**Blätterstockwerk**

Rückseite Infokarten (Doppelseitig kopieren mit Vorderseite auf S. 55)

In welchem Stockwerk „wohnen" die Wiesenpflanzen?

Name: _____ Datum: _____

Lies den Text.

Pflanzen auf der Wiese

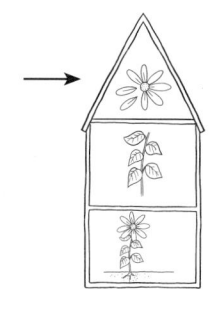

Blütenstockwerk: Sauerampfer

Der Sauerampfer kann bis zu 1 Meter groß werden.

Er blüht von Mai bis August. Die Blüten sind rot.

Die Blätter kann man als Gewürz verwenden.

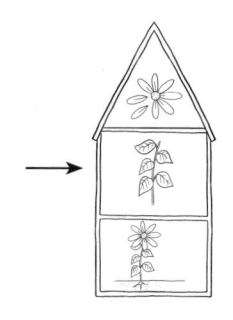

Blätterstockwerk: Rotklee

Der Rotklee kann bis zu 50 Zentimeter groß werden.

Er blüht vom April bis Mai. Die Blüten sind rot oder rosa.

Rotklee ist eine Futterpflanze für Tiere

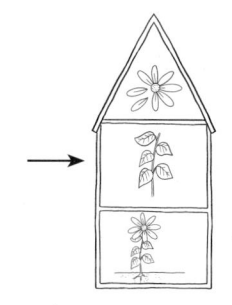

Blätterstockwerk: Löwenzahn

Der Löwenzahn kann bis zu 30 Zentimeter groß werden.

Er blüht von April bis Mai. Die Blüten sind gelb.

Aus den jungen Blättern kann man einen Salat machen.

Bodenstockwerk: Das Gänseblümchen

Das Gänseblümchen wird etwa 15 Zentimeter groß.

Es blüht fast das ganze Jahr bis November.

Die Blütenblätter sind weiß, manchmal an der Spitze rosa.

Die Blüten kann man in den Salat tun.

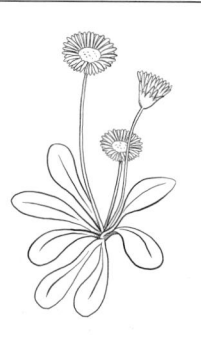

In welchem Stockwerk „wohnen" die Wiesenpflanzen?

Name: _____ Datum: _____

Fülle die Tabelle aus.

	Name der Pflanze	Stockwerk	Blütenfarbe	Was macht man damit?

Differenzierungsaufgabe mit zusätzlichen Informationen (2)

In welchem Stockwerk „wohnen" die Wiesenpflanzen?

✂ **Schneide die Karten aus.**

🖊 **Klebe sie auf der deinem Arbeitsblatt in das richtige Stockwerk.**

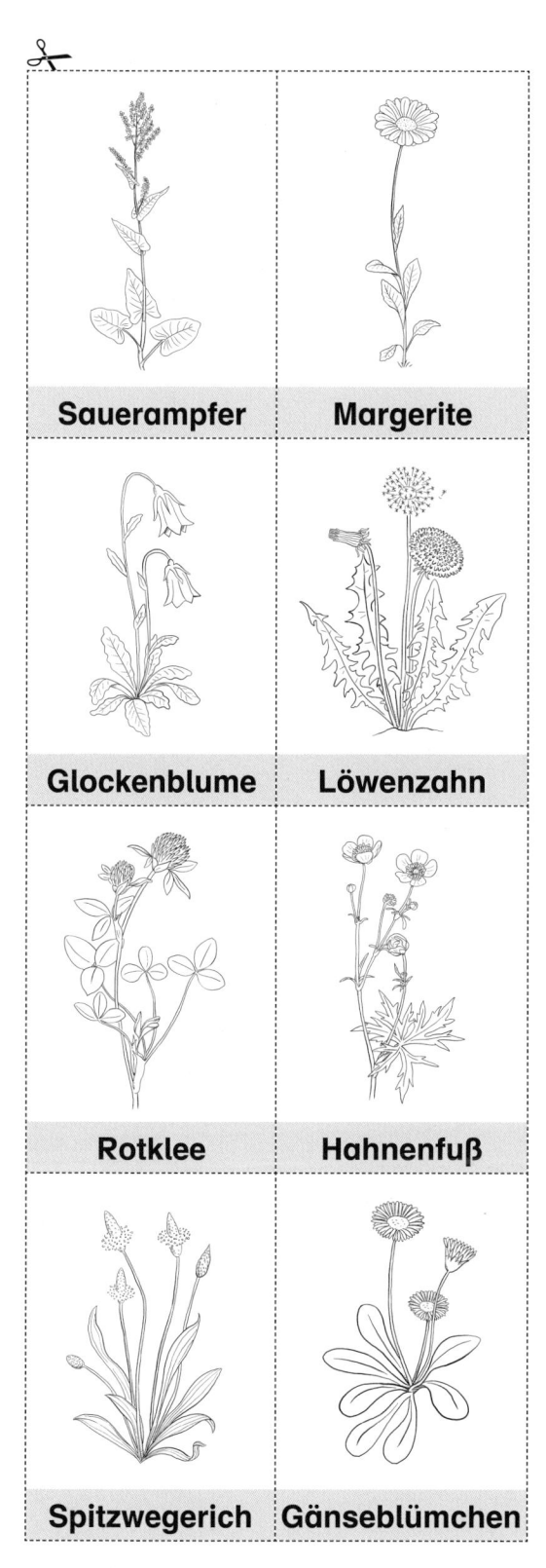

Sauerampfer	**Margerite**
Glockenblume	**Löwenzahn**
Rotklee	**Hahnenfuß**
Spitzwegerich	**Gänseblümchen**

Michael Häußler: Tiere und Pflanzen in meiner Umgebung
© Persen Verlag

Kärtchen in die einzelnen Stockwerke auf S. 60 kleben lassen.

In welchem Stockwerk „wohnen" die Wiesenpflanzen?

Name: _____ Datum: _____

In welchem Stockwerk leben die Wiesenpflanzen?

Klebe sie in das richtige Stockwerk.

60

Michael Häußler: Tiere und Pflanzen in meiner Umgebung
© Persen Verlag

Welche Tiere leben im Wald? (Sachinformation)

Der Wald ist ein wichtiger Lebensraum für Pflanzen und Tiere, schützt Boden, Klima und Wasser und liefert den Rohstoff Holz. Außerdem ist er ein Raum der Erholung.
Mehr als 2 000 Tierarten können im Wald leben. Sie bevölkern die „Stockwerke" des Waldes. Sollten diese im Rahmen dieses Vorhabens thematisiert werden, so könnte man im Sinne einer inhaltlichen Reduktion Strauch- und Krautschicht zusammenfassen, da hier der Übergang fließend ist.
Auch hinsichtlich ihrer Ernährungsgewohnheiten kann man Waldtiere unterscheiden:
Pflanzenfresser: Rehe, Rothirsch
Fleischfresser: Waldkauz, Wildkatze
Allesfresser: Dachs, Fuchs, Eichhörnchen

Kronenschicht

Name	Gattung	Besonderheiten
Eichhörnchen	Säugetiere	Springen bis zu 5 Meter von Ast zu Ast; Schwanz dient dabei als Steuerruder; Fell fuchsrot bis braunschwarz; verbringt die Nacht im Nest („Kobel"), in dem die Eichhörnchen auch Winterruhe halten; legen im Herbst unterirdische Vorratsspeicher an.
Buntspecht	Vögel	Pickt mit seinem kräftigen Schnabel Käfer und Larven aus der Rinde von Bäumen, zimmert als Brutplatz Höhlen in Stämme und dicke Äste, die auch anderen Tieren als Lebensraum dienen. „Trommelt" aber auch, um zu kommunizieren.

Strauch- und Krautschicht

Name	Gattung	Besonderheiten
Rothirsch	Säugetiere	Größtes heimisches Säugetier; Männchen kämpfen während der Brunftzeit im Herbst die Rangordnung aus; ursprünglich ein Bewohner offener Landschaften, erst vom Menschen in die Wälder verdrängt. Familie: Hirsch, Hirschkuh, Kalb
Reh		Können bis zu 6 Meter weit springen. Familie: Rehbock, Ricke, Kitz. Ricke bringt im Mai meist zwei Junge zur Welt, die sie nur zum Säugen aufsucht, ansonsten bleiben diese an den Boden gedrückt in ihrem Versteck.
Wildschwein		Familie: Keiler, Bache, Frischling. Nachtaktiv – pflügen auf der Suche nach Feldfrüchten, Mäusen und Schnecken den Boden um, richten dabei auf Feldern erheblichen Schaden an. Leben in Rotten zusammen, die von einer Leitbache angeführt werden, während die Keiler meist Einzelgänger sind.
Hummel	Insekten	Es gibt etwa 30 heimische Hummelarten, z. B. Gartenhummeln, Wiesenhummeln und die Baumhummel, die in lichten Wäldern zu finden ist. Hummeln bilden – ähnlich wie die Bienen – Staaten. Im Frühjahr zeigen sich als erstes die Hummelköniginnen, die nach einem Nistplatz suchen.

Moosschicht

Name	Gattung	Besonderheiten
Rote Waldameise	Insekten	(Vgl. auch Infos zum Thema „Wiesentiere") Kopfoberseite, Hinterleib und Beine schwarzbraun, ansonsten intensiv rot gefärbt, baut ihre Ameisenhaufen meist an sonnigen Plätzen, ober- und unterirdisch, bis zu 2 Meter hoch. Lebt von Kleininsekten und Honigtau, welcher Blattläusen abgenommen wird. Kann ein Vielfaches ihres Körpergewichts tragen. Steht unter Naturschutz.

Wurzelschicht

Name	Gattung	Besonderheiten
Dachs	Säugetiere	Allesfresser: Pilze, Früchte, Blindschleichen, Regenwürmer. Lebt im Familienverband in verzweigten unterirdischen Bauten, in dessen tiefsten Etagen sich mit Moos gepolsterte Wohnhöhlen befinden; mit jeder Dachsgeneration wird der Bau erweitert, den sich die Dachse auch mit Füchsen oder Kaninchen teilen.
Waldmaus		8–13 cm groß, Schwanz nochmals so lang wie der übrige Körper. Kann sich mit ihren langen Hinterbeinen kräftig vom Boden abstoßen und bis zu 15 cm weit springen, kann sich auch auf die Hinterfüße setzen und aufrichten. Frisst v. a. pflanzliche Nahrung (Eicheln, Nüsse etc.), aber auch Spinnen und Schnecken.

Welche Tiere leben im Wald? (Methodentelegramm)

Prototyp:	Vorder-/Rückseite	
Mögliche Sequenz:	1. Das Eichhörnchen – ein Waldbewohner (Aussehen – Behausung – Ernährung – Entwicklung) **2. Welche Tiere leben im Wald?** 3. In welchem „Stockwerk" des Waldes wohnen die Waldtiere? 4. Geschützte Tiere im Wald	
Benötigtes Material:	• Karteikarten – jeweils ein Satz für zwei Schüler bzw. eine Kleingruppe • Bildkarten für die Hand der Schüler sowie das Tafelbild • Arbeitsblatt • Optional: Differenzierungskarte	
Stundenziel/e	• Die Schüler kennen und benennen heimische Waldtiere. • Optional: Die Schüler wissen, in welchen „Stockwerken" des Waldes die einzelnen Tiere leben. Die Schüler unterscheiden die Ernährungsweisen verschiedener Tiere (Pflanzenfresser/ Fleischfresser/Allesfresser).	
Stundenaufbau	Hinführung	Wir haben das Eichhörnchen kennengelernt – heute wollen wir herausfinden, welche Tiere noch im Wald wohnen.
	Erarbeitung	• **Vermutungen anstellen/Vorwissen aktivieren** Die Schüler überlegen, welche Tiere im Wald wohnen, bringen Vorwissen ein. • **Informationsgewinnung** Schüler arbeiten in Partnerarbeit oder Kleingruppen mit den Infokarten – ordnen z. B. Karten mit Waldtieren auf ein grünes Tonpapier/Rhythmiktuch, sortieren andere Abbildungen aus. Differenzierungskarte als Zusatzaufgabe.
	Sicherung	• **Fixierung an der Tafel** mit Bildkarten (passende Bildkarten werden an die Tafel gehängt), begleitend: • **Versprachlichung** „Der/die … lebt im Wald" • Schüler, die mit den Differenzierungskarten gearbeitet haben, berichten. • Vermutungen werden überprüft. • **Arbeitsblatt** Individuelle Sicherung in Einzelarbeit.
	Vertiefung	Anknüpfend an die Infokarten werden die Tiere • den „Stockwerken" des Waldes zugeordnet (z. B. in einer Tafelskizze) oder • nach den Kategorien Pflanzenfresser, Fleischfresser, Allesfresser geordnet, Lehrperson gibt hierzu evtl. weiterführende Informationen.

Welche Tiere leben im Wald?
(Infokarten, Typ: Vorder- und Rückseite)

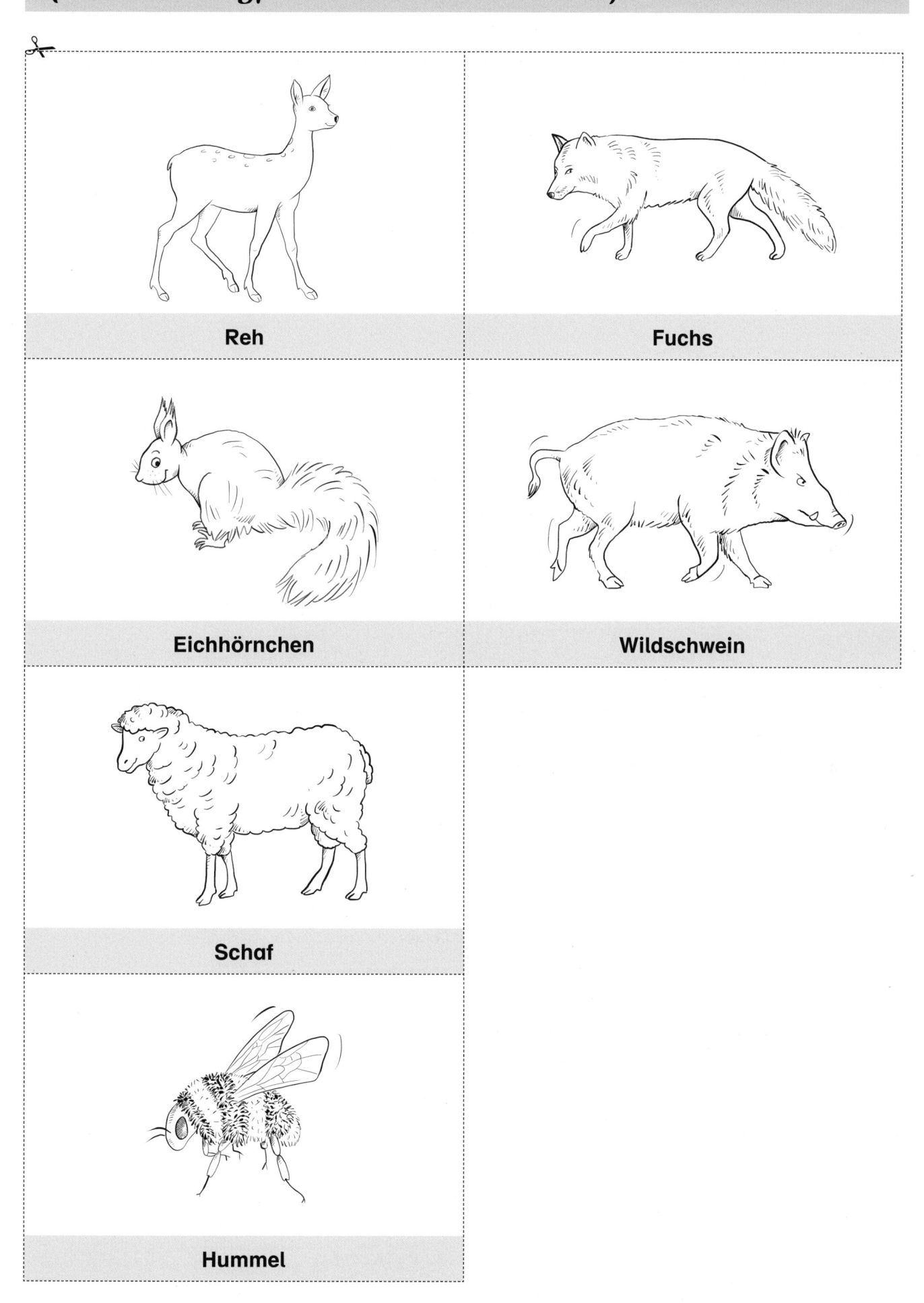

Reh	Fuchs
Eichhörnchen	Wildschwein
Schaf	
Hummel	

Michael Häußler: Tiere und Pflanzen in meiner Umgebung
© Persen Verlag

Vorderseite Infokarten (Doppelseitig kopieren mit Rückseite auf S. 64)

Welche Tiere leben im Wald?
(Infokarten, Typ: Vorder- und Rückseite)

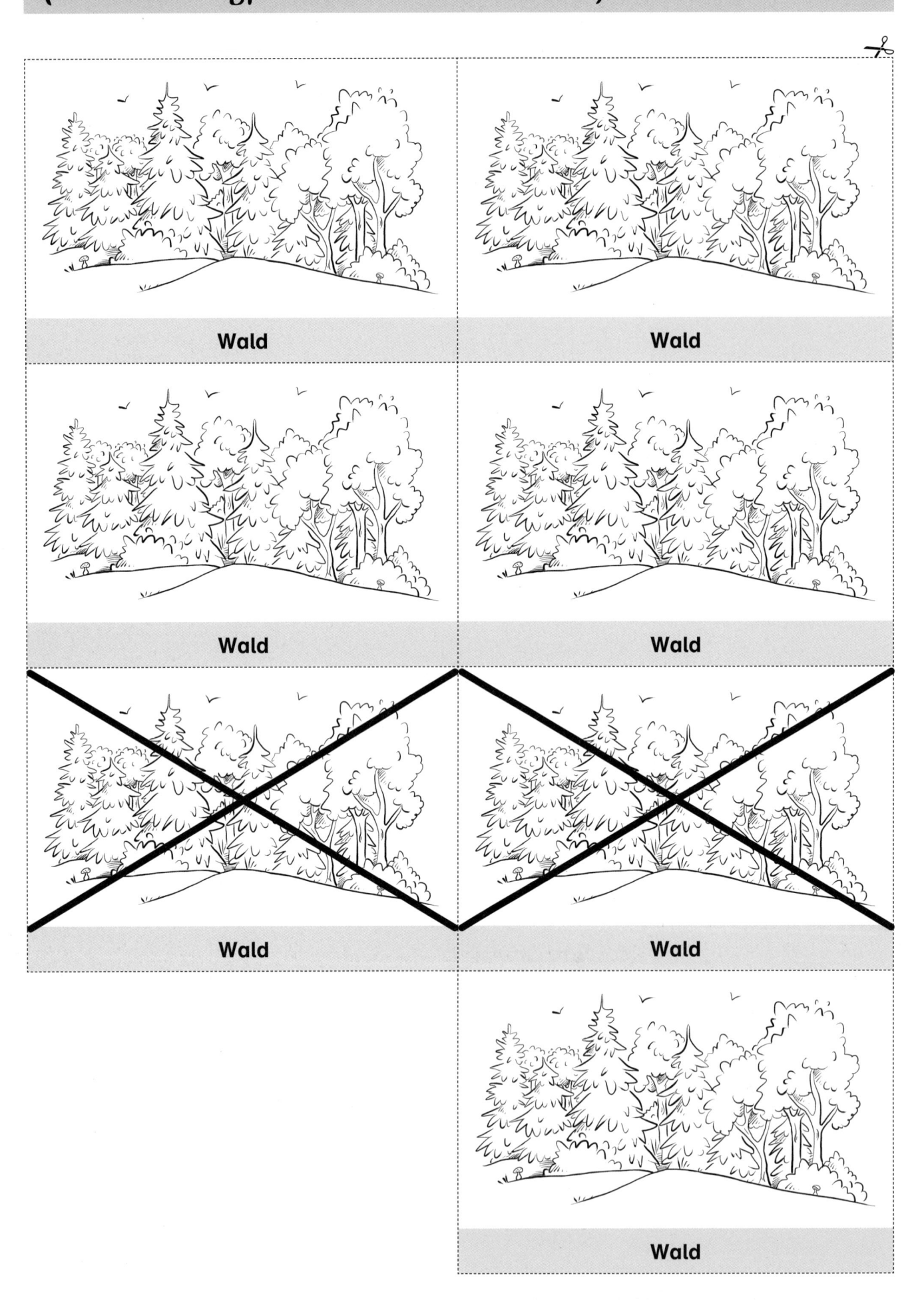

Wald	Wald
Wald	Wald
Wald	Wald
	Wald

64 Rückseite Infokarten (Doppelseitig kopieren mit Vorderseite auf S. 63 oder 65)

Welche Tiere leben im Wald?
(Infokarten, Typ: Vorder- und Rückseite)

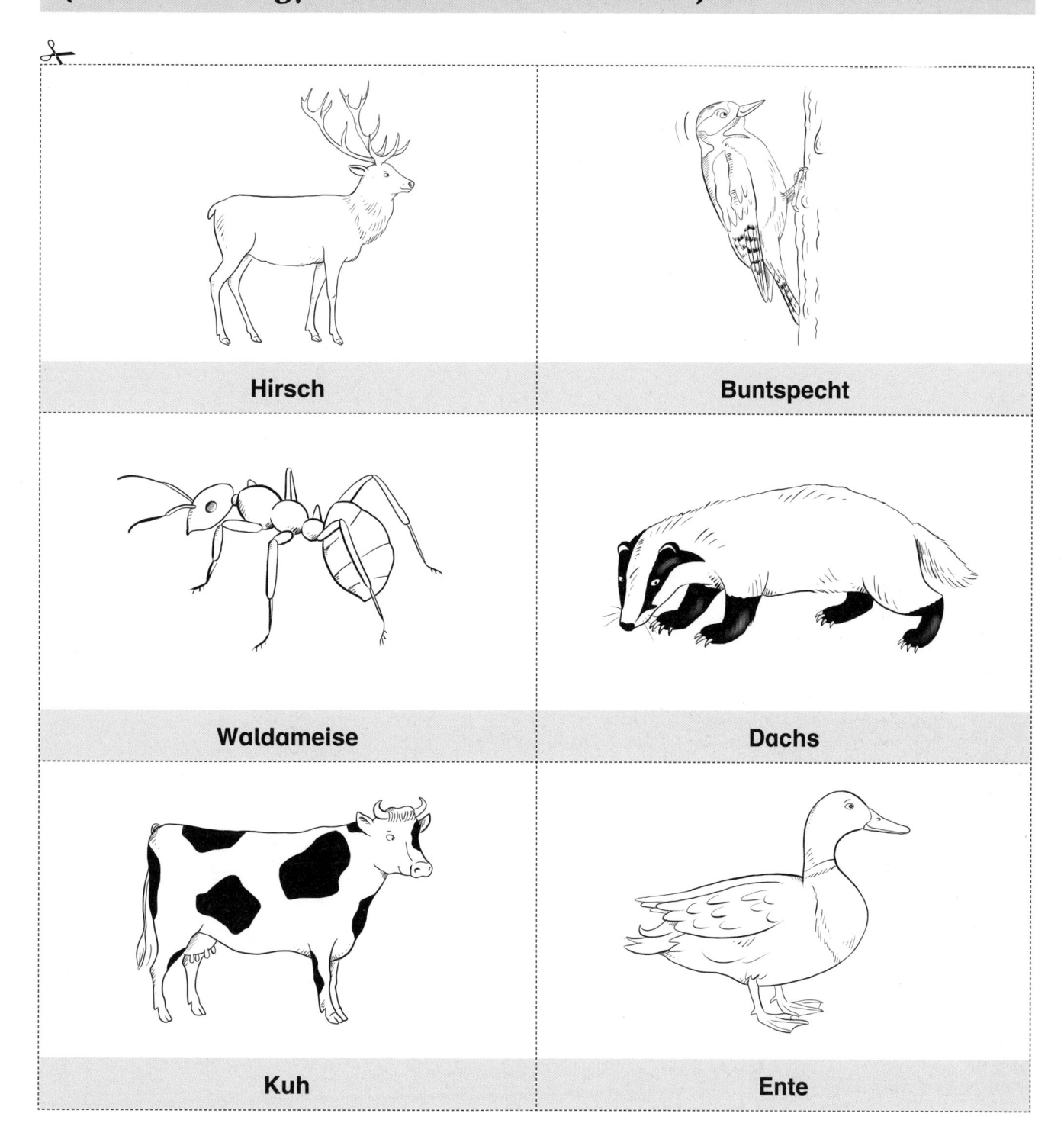

Hirsch	**Buntspecht**
Waldameise	**Dachs**
Kuh	**Ente**

Michael Häußler: Tiere und Pflanzen in meiner Umgebung
© Persen Verlag

Vorderseite Infokarten (Doppelseitig kopieren mit Rückseite auf S. 64)

Welche Tiere leben im Wald?

Name: _____ Datum: _____

📖 **Lies den Text.**

✏️ **Kreuze auf der nächsten Seite die richtigen Antworten an.**

Tiere im Wald

Das Reh kann sehr gut hören und riechen.
Bei Gefahr flüchtet es mit weiten Sprüngen – bis zu 6 Meter weit.
Das weibliche Reh heißt Ricke, das männliche Reh ist der Rehbock.
Die Kinder nennt man Kitz.
Das Reh ist ein Pflanzenfresser – am liebsten mag es Gräser, Blätter und Kräuter.

Das Eichhörnchen kann sehr gut klettern.
Es macht große Sprünge von Ast zu Ast.
Als Vorrat für den Winter vergräbt das Eichhörnchen Eicheln, Bucheckern, Fichtenzapfen und Nüsse in der Erde.

Der Specht hat einen kräftigen Schnabel.
Mit dem Schnabel pickt er Käfer und Larven aus der Rinde von Bäumen oder knackt Nüsse auf. Außerdem hackt er Höhlen in den Stamm.
In der Höhle brütet er seine Jungen aus.

Der Fuchs jagt meistens in der Nacht. Er frisst fast alles: Mäuse, Kaninchen, Regenwürmer und Früchte.
Deswegen nennt man den Fuchs auch einen Allesfresser.

Welche Tiere leben im Wald?

Name: _____ Datum: _____

✎ **Kreuze die richtige Antwort an!**

Tiere im Wald

- ☐ Das Reh kann bis zu 6 Meter weit springen.
- ☐ Das Reh kann 20 Meter weit springen.
- ☐ Das Reh ist ein Fleischfresser.
- ☐ Das Reh ist ein Pflanzenfresser.

- ☐ Das Eichhörnchen vergräbt Eicheln und Bucheckern im Boden.
- ☐ Das Eichhörnchen kann nicht klettern.

- ☐ Der Specht pickt mit seinem Schnabel Käfer aus der Rinde.
- ☐ Der Specht baut Höhlen in den Bäumen.

- ☐ Der Fuchs ist ein Allesfressser.
- ☐ Der Fuchs mag nur Fleisch.

Welche Tiere leben im Wald?

Name: _____ Datum: _____

Welche Tiere leben im Wald?

Kreise die richtigen Tiere ein.

Zusatzaufgabe: Schreibe die Namen unter die Waldtiere. Die Infokarten helfen dir dabei.

_____

Michael Häußler: Tiere und Pflanzen in meiner Umgebung
© Persen Verlag

Wir kennen Laub- und/oder Nadelbäume (Sachinformation)

Je nach dem vorherrschenden Baumbestand spricht man vom Wald als Laub-, Nadel- oder Mischwald.

Laubbäume tragen im Sommer Blätter. Durch diese fließt der Saft, in dem die Nährstoffe für den Baum sind. Im Herbst zieht sich der Saft in die Wurzeln zurück. Auch der Farbstoff, der die Blätter grün färbt, fehlt dem Laub dann. Die Blätter werden braun und sie fallen zu Boden.

Nadelbäume tragen – außer der Lärche – mehrjährig und immergrün Nadeln. Sie bilden im Unterschied zu Laubbäumen keine Früchte aus, sondern entwickeln aus den (weiblichen) Blüten Zapfen. Die Bestimmung der Bäume erfolgt über ihre Rinde, Blüten, Nadeln und Zapfen.

Für die vorliegende Unterrichtseinheit, die auch entsprechend den inhaltlichen Schwerpunkten in zwei einzelne Einheiten aufgeteilt werden kann (s. u.), wurden exemplarisch Bäume ausgewählt, die anhand von Früchten/Zapfen und Blättern bestimmt werden. Statt jeweils vier Bäumen können im Rahmen der Stunden natürlich auch weniger Bäume thematisiert werden.

Es kann sinnvoll sein, das Thema „Bäume" in zwei voneinander getrennten Einheiten zu behandeln – jeweils einmal mit dem Schwerpunkt Laubbäume bzw. Nadelbäume. Der inhaltliche Umfang kann dabei beliebig reduziert oder erweitert werden, z. B. nur jeweils drei verschiedene Bäume auf zwei Einheiten verteilt bzw. zwei Laub- und zwei Nadelbäume im Rahmen einer Einheit – je nach Klassensituation. Dementsprechend werden auch zwei Arbeitsblätter und zwei Infokarten angeboten, um Arbeits- und Differenzierungsmaterial für zwei Stunden zu haben.

Laubbäume:

	Blätter	Früchte	Sonstiges
Eiche	Gewellt, gelappt	Eicheln, stecken in Fruchtbechern	Höhe 30–40 m, Trauben- oder Stieleiche, je nach Fruchtansatz
Buche	Rund, mit gewellten Blatträndern	Bucheckern, stachelige Schale, im Inneren zwei nussartige Früchte Nahrung für Vögel, Nagetiere und Wildschweine.	Glatte Rinde Höhe 30–35 m
Linde	Herzförmig, im Frühjahr „lindgrün"	Kleine Nüsschen, die an einem Flugblatt hängen.	Höhe 25–35 m Vorkommen als Sommer- und Winterlinde
Ahorn	Groß, fünflappig, erinnern an die Form der menschlichen Hand	Geflügelte Nuss, die als „Propeller" zu Boden schwebt.	Höhe 30–35 m Vorkommen als Bergahorn, Feldahorn, Spitzahorn

Nadelbäume:

	Nadeln	Früchte (Zapfen)	Sonstiges
Kiefer	4–8 cm lang, paarweise angeordnet	Wachsen hängend, öffnen und schließen sich je nach Witterung.	Pfahlwurzler Höhe 15–45 m Zahlreiche Arten
Fichte	Spitz, pieksen auf der Haut	Wachsen zunächst aufrecht, hängen nach der Befruchtung nach unten.	Flachwurzler Höhe 30–35 m Häufigster Baum in Nadelwäldern in Deutschland. Wirtschaftliche Bedeutung als Bauholz.
Tanne	Weich, rund Stehen einzeln an den Zweigen	Wachsen generell nach oben, fallen meist nicht als Ganzes, sondern in Schuppen vom Baum.	Pfahlwurzler Höhe bis 50m
Lärche	Im Frühjahr grün, später gelb, fallen im Winter ab	2–3 cm groß	Höhe 30–50 m, widerstandsfähiges, hochwertiges Holz

Wir kennen Laub- und/oder Nadelbäume
(Methodentelegramm)

Prototyp:	Matrix	
Mögliche Sequenz:	1. Exemplarische Auseinandersetzung mit einem Laub- und/oder Nadelbaum: Aussehen, Vorkommen, zugehörige Tierarten („Bewohner"), Verarbeitung 2. Unterrichtsgang – sammeln von Blättern/Nadeln, Früchten **3. Wir kennen Laubbäume** **4. Wir kennen Nadelbäume**	
Benötigtes Material:	• Infokarten – jeweils ein Satz für zwei Schüler bzw. eine Kleingruppe • Blätter/Nadeln sowie Früchte der behandelten Bäume • Optional: Bildkarten für das Tafelbild • Arbeitsblatt • Optional: Differenzierungskarte(n)	
Stundenziel/e	Die Schüler kennen heimische Laub- und/oder Nadelbäume mit ihren Blättern/Nadeln und Früchten. Optional: Die Schüler kennen die Begriffe Laubwald und Nadelwald bzw. Mischwald.	
Stundenaufbau	Hinführung	Lehrkraft zeigt Blätter/Nadeln und Früchte. Tafel: Umrissbilder der fraglichen Bäume Unterrichtsgespräch: Benennen der Bäume, Anbringen entsprechender Wortkarten. Zielangabe/Fragestellung: Wir finden heute heraus, zu welchem Baum diese Blätter/Nadeln und Früchte gehören!
	Erarbeitung	• **Vermutungen anstellen/Vorwissen aktivieren** Schüler betrachten Blätter/Nadeln und Früchte und überlegen, zu welchem Baum diese gehören könnten, bringen ggf. Vorwissen ein. • **Informationsgewinnung** Schüler erhalten Blätter/Nadeln und Früchte, einen Satz Infokarten, Schälchen mit Abbildung/Wortkarte jeweils eines Baumes. Sie sortieren die Realgegenstände in die Schälchen, nachdem sie sie mit den Abbildungen auf den Karteikarten verglichen haben. Differenzierungskarte als Zusatzaufgabe. Schüler mit schwerer geistiger Behinderung setzen sich unter Anleitung mit entsprechenden Realgegenständen auseinander.
	Sicherung	• **Fixierung an der Tafel** mit Bildkarten (passende BK werden an TA gehängt), begleitend: • **Versprachlichung** „Das sind die Nadeln/Blätter der …/Die Frucht der Eiche heißt …" • Schüler, die mit den Differenzierungskarten gearbeitet haben, berichten. • **Vermutungen** werden überprüft. • **Arbeitsblatt** Individuelle Sicherung in Einzelarbeit.
	Vertiefung	Hinweis auf die Begriffe Laub-, Nadel- oder Mischwald

Wir kennen Laubbäume (Infokarten, Typ Matrix)

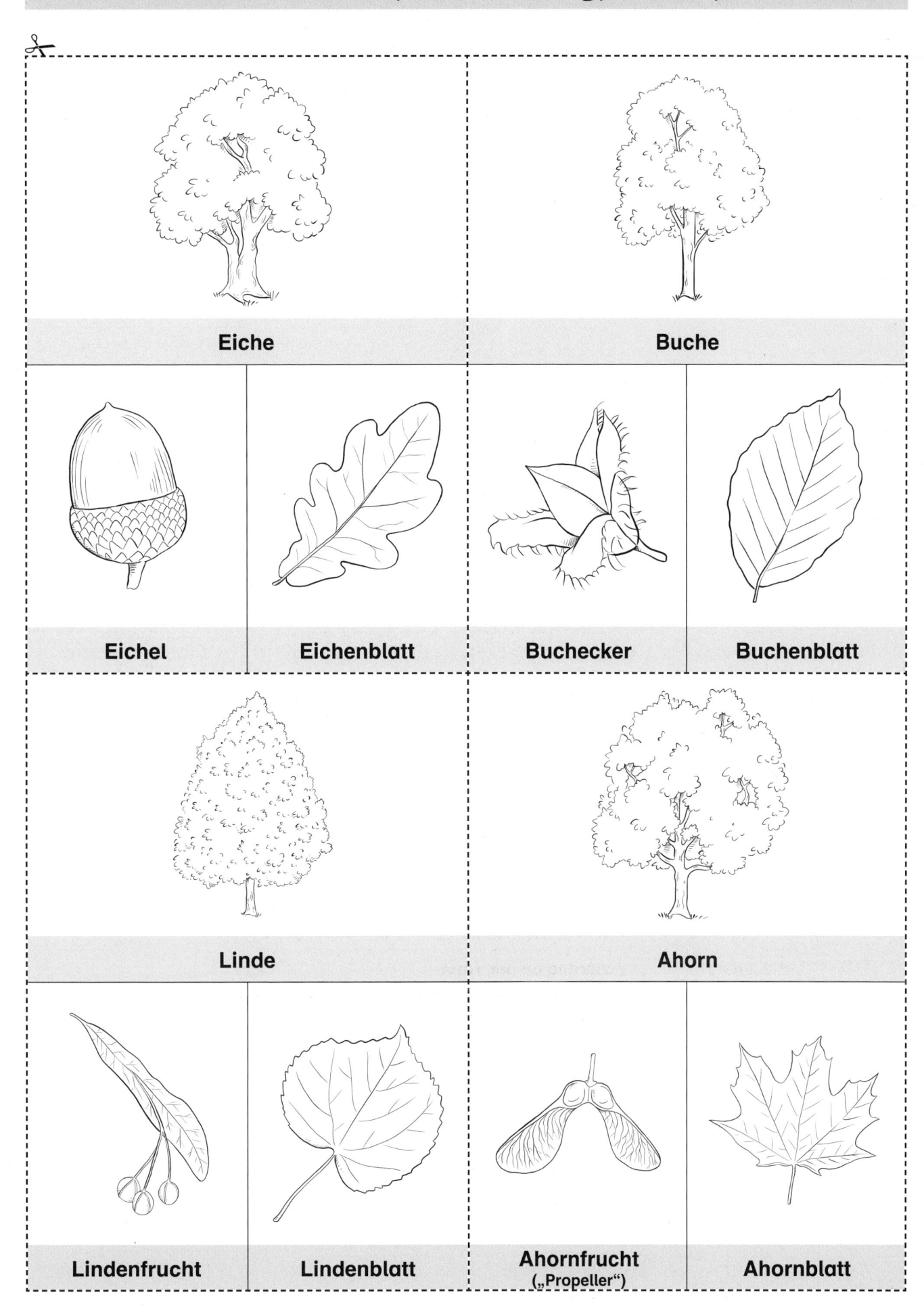

Eiche	Buche
Eichel / Eichenblatt	Buchecker / Buchenblatt
Linde	Ahorn
Lindenfrucht / Lindenblatt	Ahornfrucht („Propeller") / Ahornblatt

Michael Häußler: Tiere und Pflanzen in meiner Umgebung
© Persen Verlag

Wir kennen Nadelbäume (Infokarten, Typ Matrix)

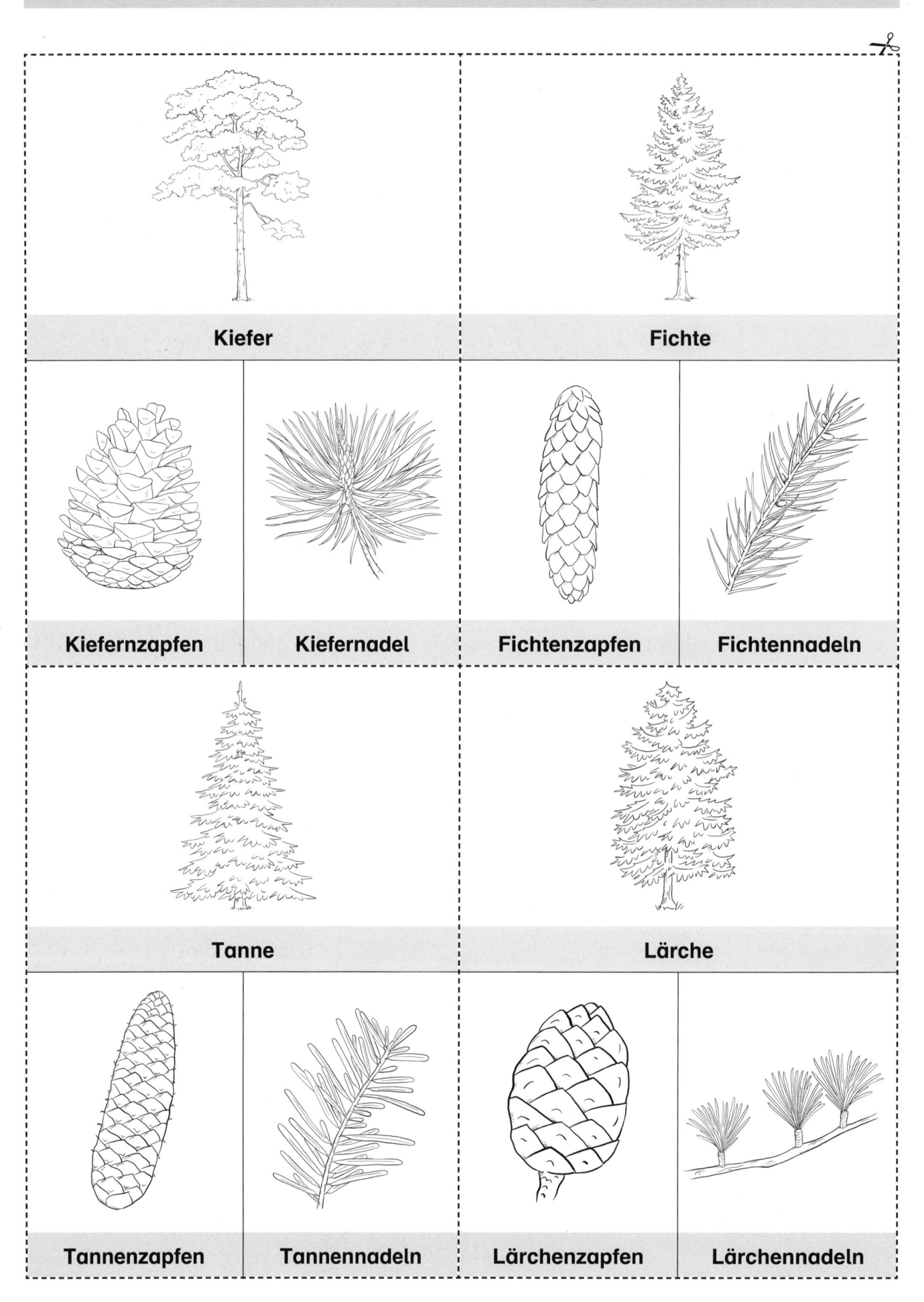

Kiefer	Fichte
Kiefernzapfen / Kiefernadel	Fichtenzapfen / Fichtennadeln
Tanne	Lärche
Tannenzapfen / Tannennadeln	Lärchenzapfen / Lärchennadeln

Wir kennen Laub- und/oder Nadelbäume

Setze die fehlenden Worte ein.

Die Bäume des Waldes liefern uns _____ .

Bäume machen die schmutzige Luft _____ .

Im Wald wohnen viele _____ und _____ .

Der Waldboden hält bei Regen das _____ fest.

Die Wurzeln der Bäume halten die _____ fest.

Lies den Text.

Der Wald hat viele Aufgaben

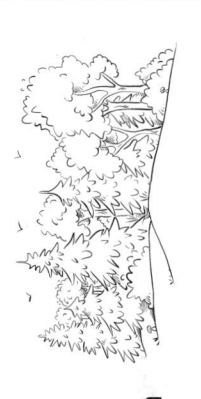

Die Bäume des Waldes liefern uns Holz.

Daraus bauen wir Möbel und Häuser und machen Papier.

Bäume machen die schmutzige Luft sauber.

So liefert der Wald uns frische Luft.

Im Wald wohnen viele Pflanzen und Tiere.

Die Tiere finden im Wald etwas zu fressen und sind geschützt.

Der Waldboden ist wie ein Schwamm.

Er hält bei Regen das Wasser fest.

So gibt es kein Hochwasser.

Die Wurzeln der Bäume halten die Erde fest.

So wird die Erde bei starkem Regen nicht weggeschwemmt.

Wir kennen Laubbäume

✂ **Schneide die Karten aus.**

🖍 **Klebe die Karten in die Kästchen auf deinem Arbeitsblatt.**

Eichel	Eichenblatt	Buchecker	Buchenblatt
Lindenfrucht	Lindenblatt	Ahornfrucht	Ahornblatt

Wir kennen Laubbäume

Name: _____ Datum: _____

Welche Blätter und Früchte gehören zu den Laubbäumen?

Klebe die Karten zu dem richtigen Baum.

	Eiche	Buche	Linde	Ahorn
Der Baum				
Das Blatt				
Die Frucht				

Einen Wald, in dem es viele Laubbäume gibt, nennt man

_____ .

Michael Häußler: Tiere und Pflanzen in meiner Umgebung
© Persen Verlag

Wir kennen Nadelbäume

Schneide die Karten aus.

Klebe die Karten in die Kästchen auf deinem Arbeitsblatt.

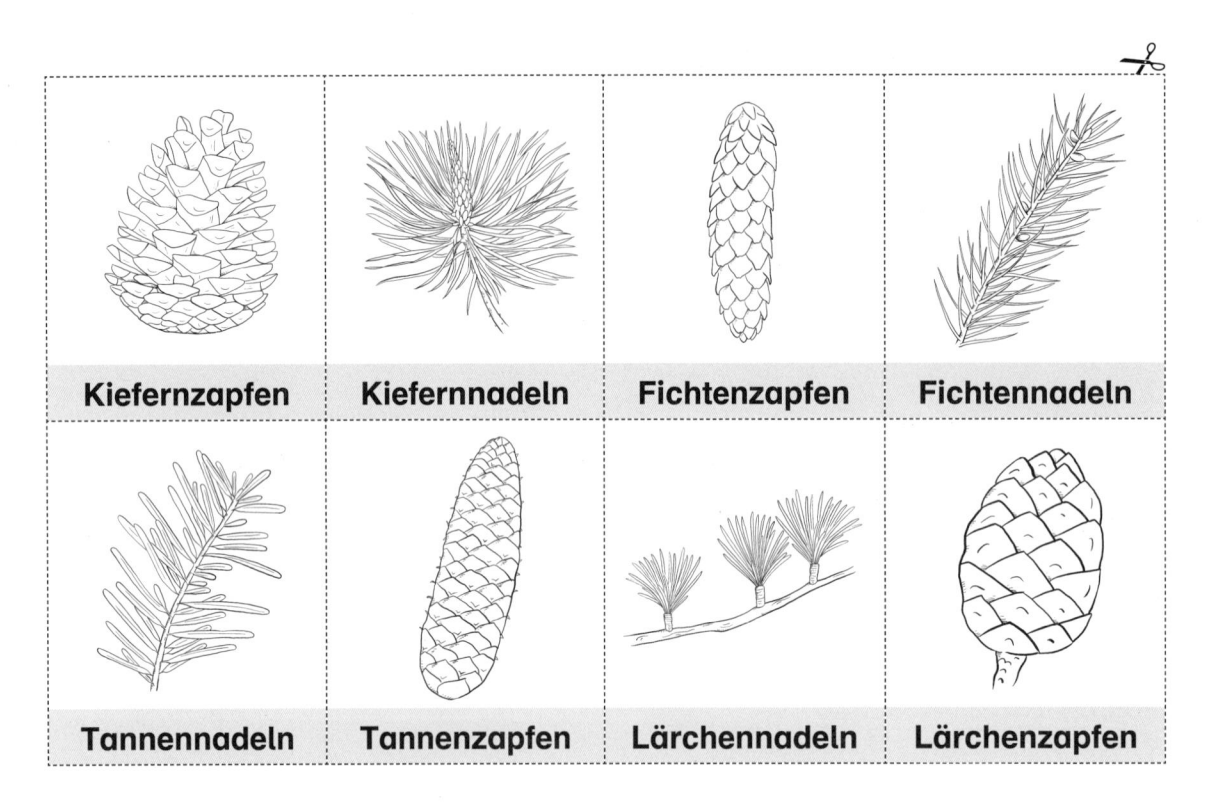

Kiefernzapfen	Kiefernnadeln	Fichtenzapfen	Fichtennadeln
Tannennadeln	Tannenzapfen	Lärchennadeln	Lärchenzapfen

Wir kennen Nadelbäume

Name: _____ Datum: _____

Welche Nadeln und Früchte gehören zu den Nadelbäumen?

Klebe die Karten zu dem richtigen Baum.

	Kiefer	Fichte	Tanne	Lärche
Der Baum				
Die Nadeln				
Die Frucht				

Einen Wald, in dem es viele Nadelbäume gibt, nennt man

_____.

Michael Häußler: Tiere und Pflanzen in meiner Umgebung
© Persen Verlag

Wo leben diese Tiere – am oder im Teich? (Sachinformation)

Teiche sind künstliche, von Menschen angelegte, stehende Kleingewässer mit geringer Wassertiefe. Man unterscheidet z. B. Fischteiche, Seerosenteiche und Kiesteiche. Die Zonen des Teiches kann man mit den Begriffen Ufer-, Flachwasser- und Tiefwasserzone bzw. Ufer-, Schwimm- und Tauchzone bezeichnen. Um den Lebensraum der hier vorkommenden typischen Teichbewohner zu kennzeichnen, ist in der vorliegenden Unterrichtsstunde allerdings lediglich von Tieren, die „am" (Uferzone) bzw. „im" Teich (Flach- und Tiefwasserzone) leben, die Rede.

Tiere am Teich	Aussehen	Nahrung	Besonderheiten
Ringelnatter	grau-brauner Körper, teilweise mit schwarzen Flecken, gelber Fleck oder Halbmond hinter dem Kopf; Männchen werden 1 m, Weibchen bis zu 2 m lang	Molche, Frösche, Kröten, Fische, z. T. auch Mäuse und Eidechsen; junge Schlangen fressen Kaulquappen, Regenwürmer, kleine Fische	Nicht giftig; verschluckt Beute lebend; bei Gefahr entleert sie ihre Stinkdrüsen an der Schwanzspitze oder stellt sich tot; kann gut schwimmen und tauchen
(Grau-)Reiher (auch: Fischreiher)	graue Oberseite, weißlich-graue Unterseite und Hals, kräftiger, gelber Schnabel;	Fische, Lurche, Kriechtiere, Mäuse, Wasserratten und Insekten	landet zur Fischjagd kurz auf dem Wasser, schwimmt 1–3 Sekunden, fliegt dann wieder auf; wenig beliebt bei Teichwirten
(Stock-)Ente	Erpel: grüner, schillernder Kopf, gelber Schnabel, weißer Halsring, braune Brust und schwarz-weißes Ende; Weibchen: hell- und dunkelbraun gestreift	Wasserpflanzen, Gras, Früchte und Kleintiere, wie z. B. Fische, Frösche, Kaulquappen, evtl. auch Brot und Fischfutter	Baut nahe am Wasser ein Nest aus Pflanzenteilen, taucht bei Gefahr und bei der Futtersuche unter („gründelt");
Libelle	Zwei Flügelpaare, zwei große Facettenaugen, schillernder Körper in verschiedenen Farben	Mücken, Fliegen, Schmetterlinge und andere Insekten	Kann wie ein Hubschrauber in der Luft stehen und rückwärts fliegen; ca. 70 heimische Libellenarten
Blässhuhn	Schwarzes Gefieder, weißer Fleck auf der Stirn, Schwimmlappen an den Zehen	Hauptsächlich Pflanzen (Schilf, Algen, Wurzeln), gelegentlich Insekten, Schnecken, Muscheln	Bauen ihre Nester im Schilfgürtel, die Schwimmlappen an den Zehen dienen als Paddel beim Schwimmen
Wasserspitzmaus	7–9 cm, mit Schwanz bis zu 16 cm Fell meist schwarz	Wasserinsekten, Schnecken, kleine Fische, Frösche	Guter Schwimmer und Taucher, Schwanz dient dabei als Ruder, bauen in Ufernähe mit Ausgang zum Wasser hin

Tiere im Teich	Aussehen	Nahrung	Besonderheiten
Frosch (Teichfrosch)	Grün, manchmal bräunlich, schwarze Flecken auf dem Rücken	Insekten, Larven, Würmer	Männchen stoßen mit Hilfe ihrer Schallblasen laute Rufe aus; Weibchen legt Eier („Laich") in Klumpen im Wasser ab, hieraus entstehen die Kaulquappen
Stichling	unscheinbar graugrün mit silbrigem Glanz und schwarzen Punkten; drei einzeln stehende Stacheln auf dem Rücken; 4–8 cm lang	Kleintiere (Insektenlarven, Würmer), aber auch Fischlaich und Jungfische	baut kleines Nest aus Pflanzenteilen, indem das Weibchen ablaicht; Eier und Junge werden allein vom Männchen betreut;
Gelbrandkäfer	ovaler, flacher Körper; Oberseite olivgrün mit breiten, gelben Streifen; Unterseite gelb-rot gefärbt; große Oberkieferzangen am Kopf; 3–4 cm lang;	kleine Wassertiere (Kaulquappen, Molche, kleine Fische); Käfer zerkleinern die Beute, Larven saugen sie aus	Hinterbeine sind Schwimmbeine; kann aber auch von einem Gewässer zum nächsten fliegen;
Wasserläufer	Länge 8–20 mm, dunkelbraun bis schwarz, Vorderbeine kürzer als Hinterbeine	Kleine Insekten, die ins Wasser gefallen sind, die Wasserläufer spüren die Vibrationen	Oberflächenspannung des Wassers genügt, um den Wasserläufer zu tragen; zusätzlich wasserabweisende Härchen an Körper und Beinen
Wasserschnecke (Spitzschlammschnecke)	hornfarbenes, spitz zulaufendes Gehäuse (Name!), bis zu 6 cm lang; Körper hell- bis dunkelbraun;	beißt Stücke von Wasserpflanzen ab, frisst auch Reste von Tieren und Pflanzen sowie Algenbewuchs von Steinen und Wasserpflanzen ab	Lungenatmer, muss deshalb von Zeit zu Zeit an die Wasseroberfläche, um zu atmen; kriecht unter dem Wasserspiegel entlang, um Sauerstoff aufzunehmen
Karpfen	30–120 cm groß, 5–20 kg schwer Je nach Art braune, graue, grünliche Schuppen	Allesfresser: Insekten, Würmer, Pflanzenteile, Schnecken, kein Raubfisch	Speisefisch, hierfür wird meist der „Spiegelkarpfen" (wenige Schuppen) gezüchtet

Wo leben diese Tiere – am oder im Teich?
(Methodentelegramm)

Prototyp:	Vorder- und Rückseite	
Sequenz:	1. Unterrichtsgang zu einem Teich – Beobachtung der Tiere dort 2. Exemplarische Behandlung eines Tiers, das im/am Teich lebt (Libelle, Frosch …) **3. Wo leben die Tiere – am oder im Teich?** 4. Evtl. nochmaliges Aufsuchen des Teiches mit konkreten Beobachtungsaufträgen	
Benötigtes Material:	• Karten „Vorder- und Rückseite – jeweils ein Satz für zwei Schüler bzw. eine Kleingruppe • Optional: Bildkarten für das Tafelbild • Arbeitsblatt • Als Differenzierung (optional): Differenzierungskarte	
Stundenziel/e	1. Die Schüler kennen verschiedene Bewohner des Lebensraums „Teich". 2. Die Schüler kennen Tiere, die hauptsächlich am Teich leben (Ringelnatter, Reiher, Ente, Libelle, Blässhuhn). 3. Die Schüler kennen Tiere, die hauptsächlich im Teich leben (Frosch, Fische, Käfer, Wasserläufer, Wasserschnecke).	
Stundenaufbau	Hinführung	Z. B. Anknüpfung an Unterrichtsgang zu einem Teich. Vorwissen: Weißt du noch, welche Tiere wir gesehen haben? Lehrkraft weist darauf hin, dass manche Tiere hauptsächlich am Teich (am Ufer, im Schilf) leben, andere hauptsächlich im Teich, also im Wasser. (evtl. Verweis auf Tafelskizze – Schemazeichnung eines Teiches mit Pfeilen wie auf den Infokarten). Fragestellung: Welche Tiere leben am Teich, welche im Teich?
	Erarbeitung	• **Vermutungen anstellen/Vorwissen aktivieren** Lehrkraft zeigt Abbildungen der Tiere, benennt sie ggf., Schüler überlegen, wo diese leben. • **Informationsgewinnung** Arbeit mit den Infokarten in Partnerarbeit oder Kleingruppenarbeit, Schüler ordnen diese nach den beiden Kategorien.
	Sicherung	• **Fixierung an der Tafel** mit Bildkarten (passende Bildkarten werden an die Tafel/Schemazeichnung eines Teiches gehängt), begleitend: • **Versprachlichung** („Der Reiher lebt am Teich") • Schüler, die mit den Differenzierungskarten gearbeitet haben, berichten. • Vermutungen werden überprüft. • **Arbeitsblatt** Individuelle Sicherung in Einzelarbeit.
	Vertiefung	Lehrkraft gibt weiterführende Informationen zu einzelnen Tieren.

Wo leben diese Tiere – am oder im Teich?
(Infokarten, Typ Vorder- und Rückseite)

Frosch	**Ringelnatter**
Stichling	**Reiher**
Gelbrandkäfer	**Ente**

Wo leben diese Tiere – am oder im Teich?
(Infokarten, Typ Vorder- und Rückseite)

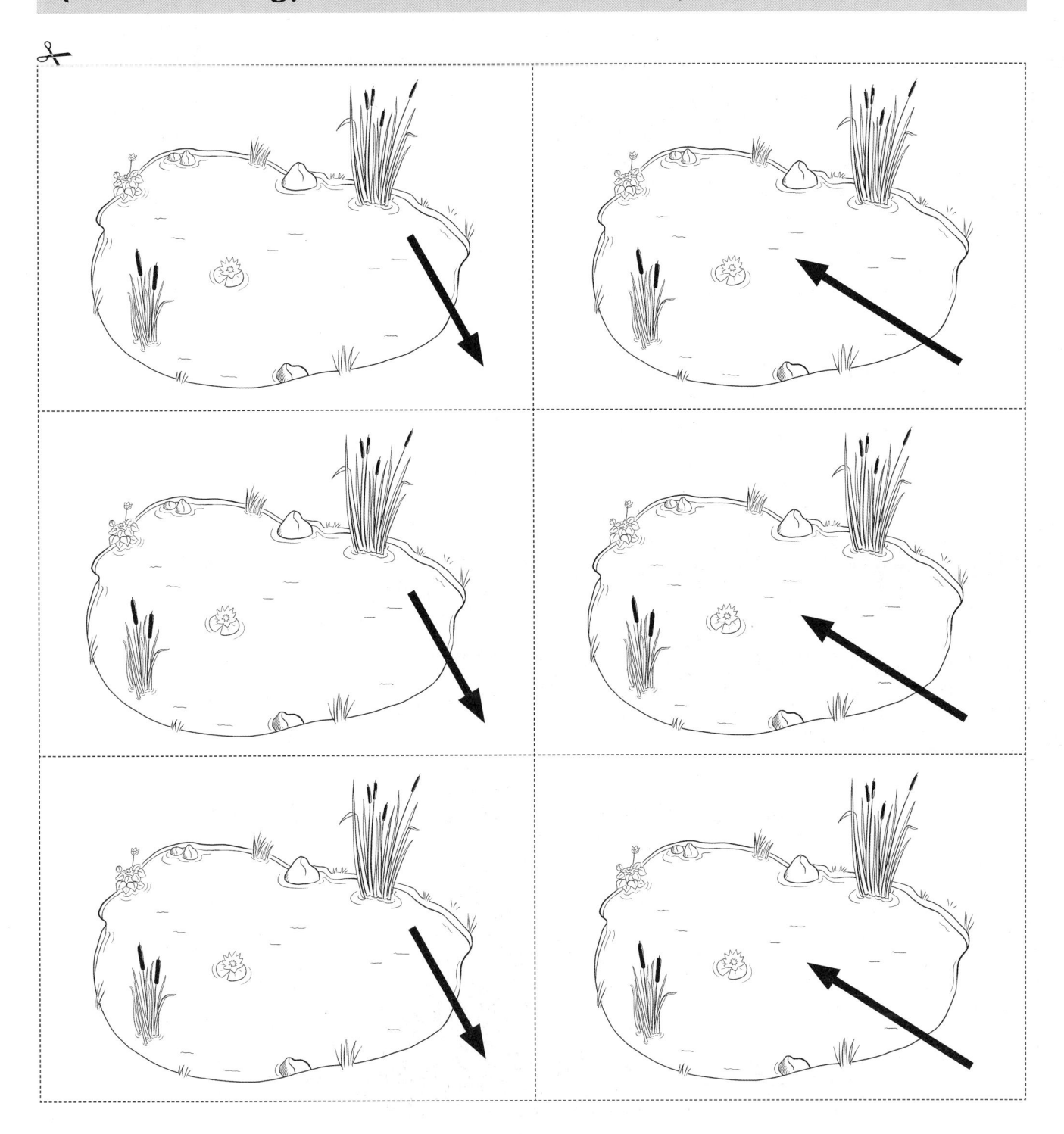

Wo leben diese Tiere – am oder im Teich?
(Infokarten, Typ Vorder- und Rückseite)

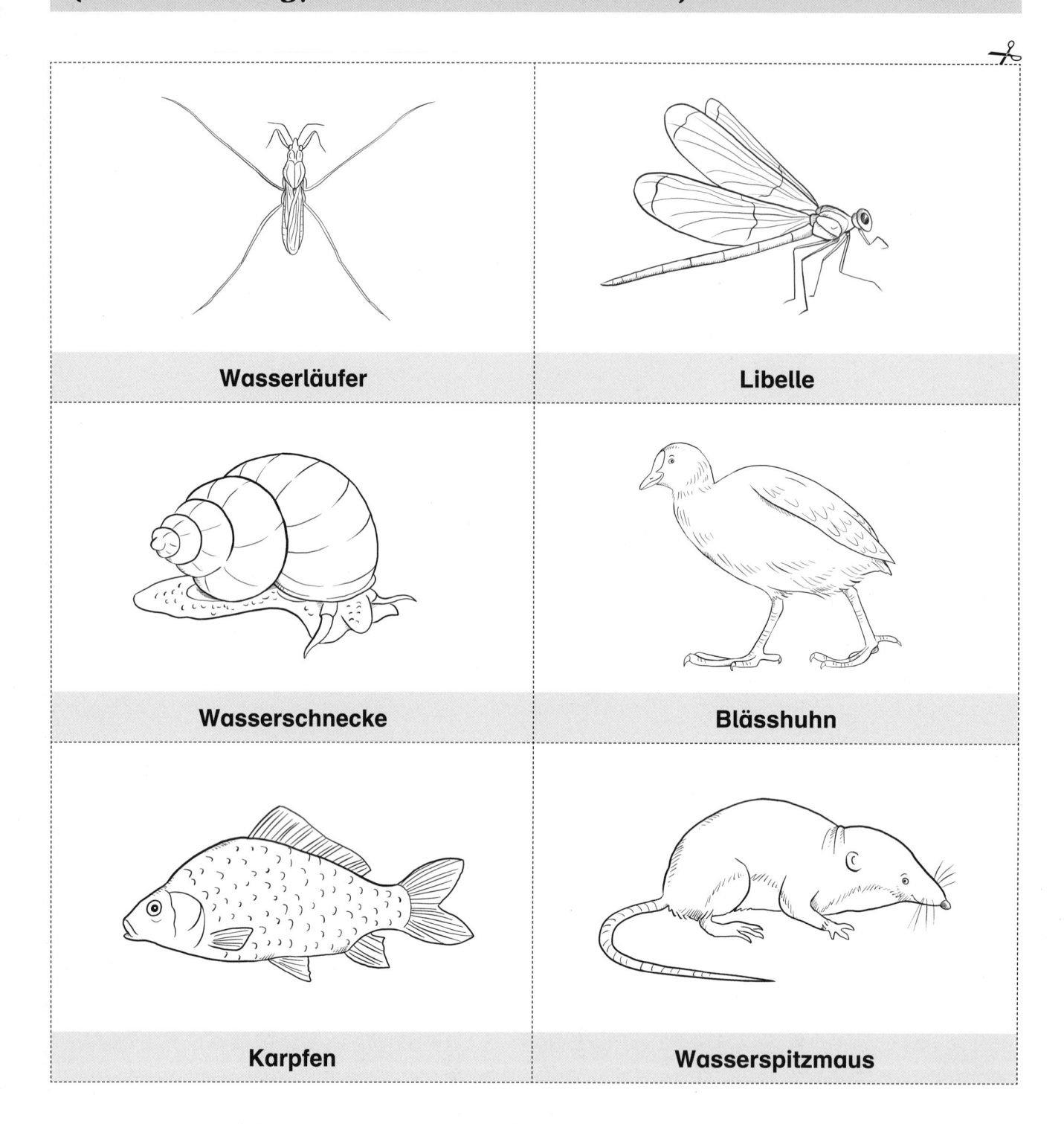

Wasserläufer	Libelle
Wasserschnecke	Blässhuhn
Karpfen	Wasserspitzmaus

Wo leben diese Tiere – am oder im Teich?

Was weißt du über die Tiere?

Trage die Wörter aus dem Kasten in die Lücken ein.

Die **Ringelnatter** ist nicht _____.
Sie kann gut schwimmen und _____.

Die **Libelle** kann in der Luft _____.
Sie kann nicht _____.

Die Eier des **Frosch**-Weibchens heißen _____.
Daraus werden _____.

Der **Stichling** hat _____ auf dem Rücken.

Der **Gelbrandkäfer** kann _____ und _____.

Der **Wasserläufer** geht nicht unter, weil er so _____ ist.

> leicht   giftig   schwimmen   stehen   Kaulquappen
> Stacheln   Laich   tauschen   fliegen   Laich

Lies den Text.

Tiere am Teich – Tiere im Teich

Die **Ringelnatter** ist eine Schlange, aber nicht giftig. Sie kann gut schwimmen und tauchen.

Die **Libelle** kann wie ein Hubschrauber in der Luft stehen und sogar rückwärts fliegen. Sie ist nicht giftig und kann nicht stechen.

Das **Frosch**-Weibchen legt Eier ins Wasser. Die nennt man Laich. Aus dem Laich werden Kaulquappen.

Der **Stichling** ist ein kleiner Fisch. Er hat drei Stacheln auf dem Rücken.

Der **Gelbrandkäfer** hat zwei große Zangen am Kopf. Er kann schwimmen und fliegen.

Der **Wasserläufer** ist so leicht, dass er auf dem Wasser laufen kann und nicht untergeht.

Wo leben diese Tiere – am oder im Teich?

Wo leben die Tiere – am Teich oder im Teich?

✂ **Schneide die Karten aus.**

🖍 **Klebe die Karten in die Kästchen auf deinem Arbeitsblatt.**

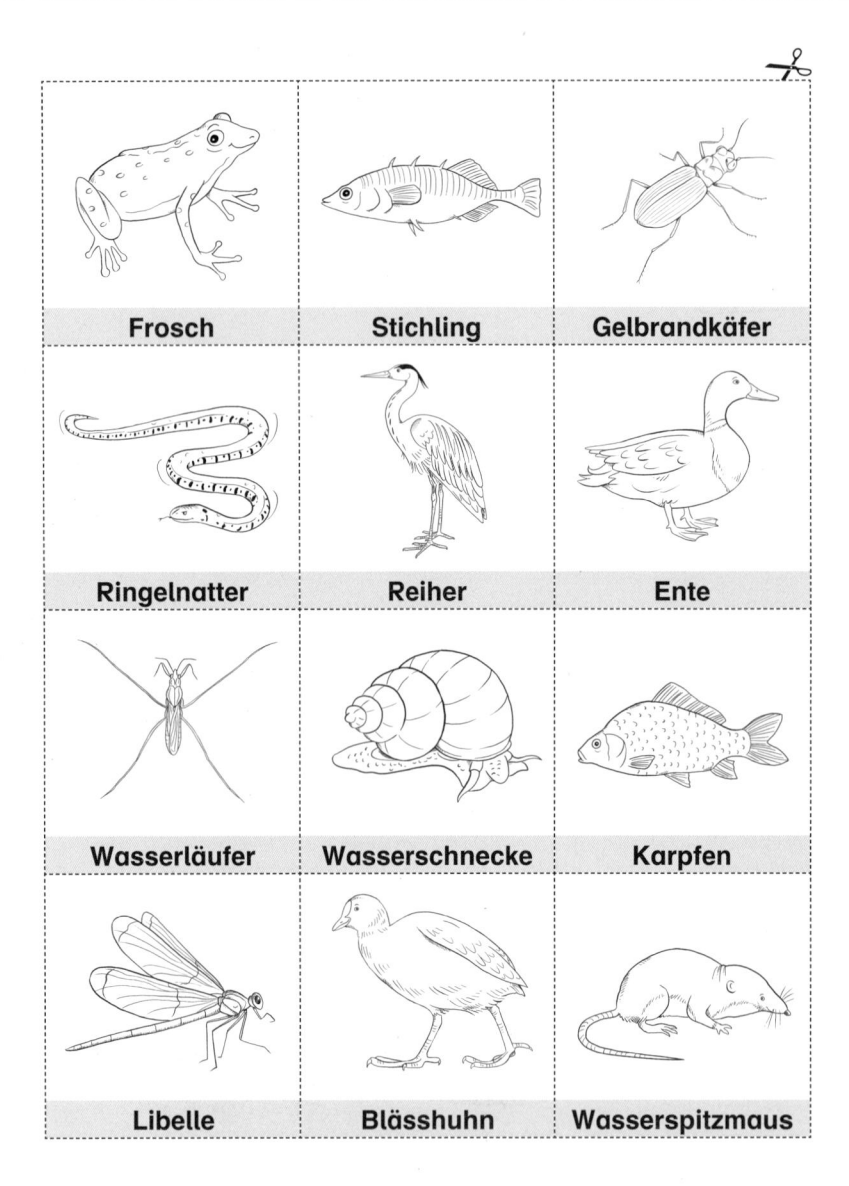

Frosch	Stichling	Gelbrandkäfer
Ringelnatter	Reiher	Ente
Wasserläufer	Wasserschnecke	Karpfen
Libelle	Blässhuhn	Wasserspitzmaus

Wo leben diese Tiere – am oder im Teich?

Name: _____   Datum: _____

Wo leben die Tiere?

Klebe die Karten an die richtige Stelle.

Michael Häußler: Tiere und Pflanzen in meiner Umgebung
© Persen Verlag

Literaturverzeichnis

Bayerisches Staatsministerium für Unterricht und Kultus (2003): Lehrplan für den Förderschwerpunkt geistige Entwicklung. München

Häußler, M. (2015): Unterrichtsgestaltung im Förderschwerpunkt geistige Entwicklung. Stuttgart

Killermann, W./Hiering, P./Starosta, B. (2005): Biologieunterricht heute. Eine moderne Fachdidaktik. Donauwörth

Jederzeit optimal vorbereitet in den Unterricht?

»Lehrerbüro!

Hier finden Sie alle Unterrichtsmaterialien

der Verlage Auer, AOL-Verlag und PERSEN

immer und überall online verfügbar.

» lehrerbuero.de
Jetzt kostenlos testen!

» lehrerbüro

Das **Online-Portal** für Unterricht und Schulalltag!